蔡隽◎编著

自主创新
让教学成为有效引领

ZIZHU CHUANGXIN
RANG JIAOXUE CHENGWEI
YOUXIAO YINLING

江苏凤凰教育出版社
Phoenix Education Publishing, Ltd.

图书在版编目（CIP）数据

自主创新让教学成为有效引领/蔡隽编著. —南京：江苏凤凰教育出版社，2017.4

ISBN 978-7-5499-6393-5

Ⅰ.①自… Ⅱ.①蔡… Ⅲ.①课程改革—教学研究—小学 Ⅳ.①G622.3

中国版本图书馆 CIP 数据核字（2017）第 079058 号

书　　名	自主创新让教学成为有效引领
作　　者	蔡隽
责任编辑	雷利军　刘艳春
封面设计	天之赋设计室
出版发行	凤凰出版传媒股份有限公司
	江苏凤凰教育出版社（南京市湖南路1号A楼　邮编210009）
苏教网址	http：//www.1088.com.cn
照　　排	北京世纪鸿文制版技术有限公司
印　　刷	三河市九洲财鑫印刷有限公司
厂　　址	河北省三河市灵山大口
开　　本	787毫米×1092毫米　1/16
印　　张	10.5
字　　数	166千字
版　　次	2017年5月第1版　2017年5月第1次印刷
书　　号	ISBN 978-7-5499-6393-5
定　　价	30.00元
网店地址	http：//jsfhjycbs.tmall.com
邮购电话	025-85406265，85400774　短信 02585420909
E - mail	jsep@vip.163.com
盗版举报	025-83658579

苏教版图书若有印装错误可向承印厂调换
提供盗版线索者给予重奖

本书编委会名单

本书编委会

顾问 肖川　郭元祥　耿文松

编著 蔡隽

编委 聂军　蔡立新　陈建华　曹蕾
　　　　喻长玲　刘娟　袁玉和　王芳
　　　　宋丽　叶芳　刘燕　李倩
　　　　蔡涛　彭聪明　张唐娇　杨慧琼

不忘初心

"还记得年少时的梦吗?像朵永远不凋零的花,陪我经过那风吹雨打,看世事无常,看沧桑变化。那些为爱所付出的代价,是永远都难忘的啊……"2015年冬的一个夜晚,听着歌手梁咏琪唱着《爱的代价》,感觉歌者内心深处有一种黯然心碎的挣扎,更有一种历经沧桑的执着,不禁让我想起了我的教育初心。

人生真的很奇妙。我从教已有20余年,当初选择了教育,便执着于教育,也爱上了教育。也许,这就是生活,你给它什么样的光源,它便折射出什么样的色彩!我庆幸自己对教育的感觉,就如同那年少时的梦,如同一朵朵开在晨露中永不凋零的花,纯洁而美好!

周国平有言:"这个世界被孩子的好奇的眼光照耀得色彩绚丽,却在成人洞察一切的眼睛注视下苍白失色了。"他的话深深震撼了我。的确,学校教育中有些现象经常刺痛我;教育者应有的良知与责任,不时提醒我;那些与教育格格不入的东西是存在的,它让我不安,且无法熟视无睹!在尘世的喧嚣中,我更愿让自己的心保留一份宁静,沉静下来思考教育。

我总是在教育的困惑中问自己:成人的世界是复杂多变的,而孩子的世界是单纯绚丽的,如何让教育回归儿童的本真世界?如何让这两个世界更好地对接?我想在这些问题上,教育者负有不可推卸的责任!于是,我在我所经历的教学课题的实验过程中寻找切入点,并一路将自己的思考记录下来。当然,我们研究的目的,是对教育过程中的现象加以分析、反思和不断地调整,研究成果只是其次,因为教育是永远没有结果和终点的。这就如同人生,我们只有重视过程,人生才会丰富而精彩!

"飞鸟希望自己是云彩,云彩希望自己是飞鸟。"而我只希望自己是一

个踏踏实实的教育人，不媚俗，不卑微，做真实的自己，真诚地走在教育的路上。

行走在教育的路上，仍然会有许多的困惑，但我会执着于和教育结伴同行，保留一份童真，不忘那份初心，耕耘于教育的田野，寻找心中教育的那一片绿意——"尽管世上有过无数片叶子，还会有无数片叶子，尽管叶片都终将凋零，我仍然要抽出自己的绿芽"。

本书会有很多不足之处，敬请读者批评指正。我的第一本专著《那一抹风景——我与新生活教育》，由福建教育出版社出版，并在网店及全国几十家实体书店公开销售。这期间我收到了北京师范大学肖川教授、武汉市东湖新技术开发区教研室副主任夏循藻、华中师范大学郭元祥教授及湖北省石首市文昌小学特级教师曾红梅等不少专家、朋友的祝福或建议，这里一并表示感谢！

蔡隽

2015年12月

PREFACE 前·言

远方有多远

三毛在一首歌中写道:"远方有多远?请你告诉我!"这个问题,无人能回答。教育的远方有多远,也无人能知。于是,面对教育漫长的征途,我们又悄悄出发了……

5年的教育探索历历在目,藏在生命深处的东西总在蠢蠢欲动。"多情应笑我,早生华发",对教育的多情,对人生的感悟,让我常常思绪万千,不一吐为快总觉得枉度了这5年。于是,我将研究中那些零碎的花瓣拾起,将其串成文字,形成本书。书中将呈现"十二五"课题实验过程中我们所取得的一些成果,以及我的一些经验、体会。

在新课程大背景下,在郭元祥教授的指导下,在学校"秀雅"文化的引领下,以21世纪学生发展的核心素养标准为导向,以探索"有效教学"为核心,围绕"有效研修、有效备课、有效课堂、有效课程、有效管理、有效课堂评价"等几个方面展开研究,我们逐步形成了独特的学校整体课程改革思路。在深入推进课程改革的过程中,我们以课堂为主阵地,将课题实验的触角延伸至校本培训、网络集体备课、课程建设、学校管理、课堂评价等领域,并结合时代要求,努力践行立德树人的要求,加强社会主义核心价值观教育,力争在创新人才培养、变革育人模式、满足小学生个性化成长需求等方面进行更深入的探索。这让我们的课题实验紧跟时代的步伐,且被赋予了更多的时代责任与使命。

"有效教学"是一种理念,是一种对教学理想的追求,它所涉及的领域太过广袤,仿若神秘而无垠的星空,需要我们透过黑夜的迷茫,持之以恒地去找寻那一片光亮。我坚定地认为,在现实中,能够对教育的星空始终保持幻想和憧憬的人,才是真正的幸运儿!我们期待着教育领域能拥有

更多的幸运儿,大家可以一起结伴同行!

　　远方有多远?让我们带着梦想与希望启程,去追寻那永远没有答案的答案!

　　我相信,有梦的路上,会有花的玲珑,草的青涩、风的轻舞、水的浅吟、云的自由、露的纯净⋯⋯

　　我也相信,有梦的路上,还有最美的星光在一路给予我们指引⋯⋯

蔡隽

2015 年 12 月

目 录 CONTENTS

第一章 自主创新，有效引领之课堂建设篇 …… 1

课堂改革，彰显情怀
——基于"有效教学"的"自主课堂"教学模式 …… 3

课堂生成，理性探寻
——审视"有效课堂"中的预设与生成 …… 6

以情体验，让心旅行
——"自主—体验"式作文教学模式探索 …… 14

内塑文化，外秀品位
——"有效教研"的语文教研组文化建设 …… 23

秀雅课程，奠基未来
——基于"学生发展"的"有效课程"建设 …… 28

信息技术，促进成长
——基于"有效课堂"的信息技术资源利用策略 …… 32

第二章 自主创新，有效引领之教学篇 …… 37

情理交融，对比感悟
——《一个中国孩子的呼声》教学设计及教学评析 …… 39

前置学习，合作探究
——《只有一个地球》教学设计及教学反思 …… 44

立足实际，引导表达
——《锄禾》教学设计及教学反思 …… 49

享受内容，加深理解
——《巨人的花园》教学设计及教学反思 …… 52

以生为主，适时引导
　　——《少年闰土》教学设计及教学反思 …………… 56

生成资源，鼓励创新
　　——《识字2》教学设计及教学反思 ……………… 61

自主质疑，深入探究
　　——《蝙蝠和雷达》教学设计及教学反思 ………… 66

多元创设，体验美好
　　——《和我们一样享受春天》教学设计及教学反思 … 72

班会引领，诚信同行
　　——绣林小学"养成教育"主题班会课 …………… 77

第三章　自主创新，有效引领之研究与支撑基础篇 ……… 81

秀雅文化，生命出彩
　　——基于"生命出彩"的"秀雅"学校文化 ……… 83

为儿童生活而教育，为生命价值而教学
　　——新课程背景下课堂教学的有效性研究 ………… 85

校本培训，回归人本
　　——基于"有效研修"的"梯度协商"式培训模式探索 …… 96

青蓝结对，引领成长
　　——基于"有效研修"的"师徒互助"管理策略探索 …… 108

网络时代，如何备课
　　——"有效备课"的集体备课管理模式 …………… 111

班级自主，有效管理
　　——"有效管理"的班级"自主管理"模式 ……… 115

高效管理，引领进步
　　——"有效管理"的质量建设管理策略 …………… 121

附录 …………………………………………………………… 124

参考文献 ……………………………………………………… 146

尾声 …………………………………………………………… 147

第一章

自主创新,有效引领之课堂建设篇

课堂改革，彰显情怀

——基于"有效教学"的"自主课堂"教学模式

在新课程改革背景下，课堂建设应符合新课程改革的要求，实现一切以学生为本的"教"与"学"的方式的变革。夸美纽斯说过，教学的一个重要目的在于"寻找出一种教学的方法，使教员因此可以少教，但学生可以多学"，教学应当是"一种使人感到愉悦的艺术"。课堂教学应追求什么？《易经》上说："形而上者谓之道，形而下者谓之器。"课堂的"形而上"，我想就是要求教师超越课堂的技法层面，从人性的角度去领悟和追求课堂教学的真谛。正如叶澜教授所说，在一定意义上，"教育是直面人的生命，通过人的生命，为了人的生命质量的提高而进行的社会活动，是以人为本的最能体现生命关怀的一种事业。"基于此，在课堂改革开展得如火如荼的今天，我们应以探索人本化课堂为出发点，尝试进行课堂教学改革，努力取得教学的最佳效果。

一、课堂应有前置性自主学习，实现先"学"后"教"

所谓前置性自主学习，是指教师向学生讲授新知识之前，让学生根据自己的知识水平和生活经验所进行的尝试性学习。前置性自主学习可以使教师在上课前更加了解学生的知识水平和学习差异，以便因材施教。

有些教师担心前置性自主学习的落实会困难重重，耽误时间，且效果不佳，其实这种担心是对这种学习方式的误解。提倡"生本教育"的郭思乐教授指出：不是儿童没有潜能，而是我们没有给他们足够的时间、空间，也没有创造氛围去激励他们。其实，儿童的潜能是无限的，只不过潜能的开发需要足够的时间和空间，并需要在教师等专业人士的指导下进行。在本课题实验初期，我们在高年级语文教学中尝试进行了"三读""二写""一查"的前置性自主学习方法的指导。"三读"即读准字音、读通句子、读出主要内容;"二写"即写读后的批注文字、写读后的疑难问题;"一查"即查阅与文本有关的资料。经过教师们的倾心付出与努力,一段时间以后,学生掌握了学习方法,教师们也清楚地看到学生的前置性自主学习已经成了课堂教学中必要的组成部分,更能为他们的课堂教学设计导航。

当经历这样一个过程之后,我校的"十二五"课题"有效教学"实验也迎来了一个崭新的阶段,前置性自主学习逐渐成了学生的习惯,前置性自主学习的种子已在我们提供的"阳光""雨露"与"土壤"中茁壮成长起来了。

二、课堂应有指导性学习模块,实现以"学"定"教"

新课程强调,课堂教学"一切为了学生""全面依靠学生"。在此理念的指导下,课堂中的教师应"无为而为",处于"帮学"地位,教师的主导作用应发挥得更加高效而无形,更为超脱而得体。课堂教学设计中,教师应把精力放在研究先"学"后"教"、以"学"定"教"的策略中来。因此,如何将课堂的"教"与"学"放置于有法与无法、有痕与无痕的和谐互补中,就犹如园丁为种子提供阳光、雨露与土壤让种子生根发芽、开花结果一样,应成为课堂改革所应思考的重要内容。

好的课堂,教师应是不拘一格、挥洒自如的,课堂生成应是浑然天成的!但在本课题实验初期,我们仍倡导以"格"为基础,以"不拘一格"为目标。因此,我们把课堂教学理念的重建作为研究有效教学的突破口,形成"关注生命、关注生活、高效减负"的价值取向,以"快乐、高效"课堂文化为立足点,探索构建"自主课堂"教学模式。

"自主课堂"教学模式的构建,需以"自主学习"为核心理念,大致分为前置性自主学习、互动展示、合作探究、点拨总结、作业反馈、拓展延伸六个环节。这六个环节,首先是从前置性自主学习开始,通过教师指导下的学生自主学习,实现学习前置、问题前置,让学生构建初步的知识结构;其次是互动展示,教师应给学生足够的时间,让他们进行合作、交流、展示,让他们在小组内自由自在地发现更多的可能性。在此环节,教师要采用激励策略,激发起不同层次学生学习的内驱力,让学生感受到课堂上创造的快乐与幸福。然后,再根据学生学习的现状,指导他们对重难点部分进行合作探究式学习；运用适当的方法进行指导点拨，引导学生进行自主总结与归纳，让学生对所学知识形成系统的认识。之后，通过当堂练习，进行学习效果反馈。最后，运用必要的策略把学生的自主学习延伸到课外。

这一模式中，强调教师有适时适宜的"让位"意识，强调学生以"自主学习"为主，强调师生、生生构建"学习共同体"，强调课堂与生活的紧密对接，强调学生"秀"出自我，"秀"出风采，倡导课堂是"师生生命相遇、心灵相约的场域，是质疑问难的场所，是通过对话探寻真理的地方"。

三、课堂应有拓展性主体延伸，实现由"教"会到会"学"

陶行知认为"生活即教育""社会即课堂"。叶澜教授曾提出课堂教学要做到三个沟通，即书本知识与人类生活世界的沟通；书本知识与学生经验世界、成长需求的沟通；书本知识与人和历史的沟通。这"三个沟通"理念，指导着我校的课堂学习活动。基于此，我们以学生的生活经验、知识经验为基础，引导学生到神奇的大自然中去探秘，到复杂多变的社会中去体验，让课外实践成为课内学习的催化剂，成为学生拓宽学习的活水源。

还是基于此，在低年级的看图写话课上，我们将静态的画面搬到生活中，变为学生动态的活动参与；在阅读课上，我们引导学生读书、读人、读历史、读社会、读生活，让学生获取的知识与生活经验对接，构建更丰富合理的知识体系；在教学活动上，我们以课堂为轴，让教学向社会生活的各个领域拓展，让学生成长与学校生活、家庭生活和社会生活全方位结合，让课堂教学与德行教育结合；在课堂模式建构中，我们打破学科教学与生活的"围墙"，打造生动的、多样化的、充满灵性与人性的课堂，让学生的学习得法于课内，得益于课外。

让课堂充满生命的活力，让教育散发人性的魅力，从观照生命的角度，真正实现课堂上由知识生成能力、由知识生发情感、由知识滋生正确的人生观和价值观，这应是课堂改革追求的境界！

自主创新

让教学成为有效引领

课堂生成，理性探寻

——审视"有效课堂"中的预设与生成

随着《国家中长期教育改革和发展规划纲要（2010－2020年）》的颁布，我国基础教育的改革与发展进入了一个新的历史阶段，全面提高教育质量，促进教育的内涵发展，成为我国教育改革发展的核心任务。新的时代和课堂现实呼唤教师必须真正树立起以人为本的教学理念和行为规则。当课堂教学从文本中心走向人本中心时，教师必然需要面对课堂生成问题。从实施课程改革以来，对于认识生成、冷观生成、引导生成、反思生成，我们需要做一番理性的审视——

一、认识生成：转型期一道绮丽的风景

传统的课堂，教师教学时常常按预先的设计来演绎教案，让"死"教案限制了"活"的学生，使原本鲜活灵动、充满情趣的语文课变得机械、刻板与程式化。随着新课程的深入推进，以人为本的理念正颠覆着旧的课堂，越来越丰富、复杂的课堂生成现象使课堂充满了生命的灵性。

新的课程观把课堂教学看作一个建构过程。建构主义认为，学习是学习者自主建构知识的过程。语文学习不仅仅是在建构知识，也是在建构情感、态度、价值观，说得准确些就是通过语文学习，建立起自己的精神家园。因此，引领学生学会并自觉进行知识的聚合、能力的提升、情感的积淀、人文素养的积累，是语文教学的一项重要工作。引导学生克服学习中的盲从、依附、被动的心理，发挥自主性、能动性，凸显个性，让学生自己提出问题，自己研读课文，充分发表自己的见解，对问题做多元解答，应成为语文教师追求的一种教育境界。当教师"以学定教，顺学而导"时，课堂教学必然成为一个生成的过程，这是新课程孕育的产物。

另外，从生命个体的角度来看，课堂教学是师生生命的碰撞及心灵的晤对！哲人说：人一次也不可能踏进同一条河。每一个生命个体都是独特的，思想的河流永远奔流不息，而每一节课都是不可重复的激情与智慧的交汇生成的过程。课堂上，当师生带着自己的经验、知识、情感、兴趣、

灵感共同参与课堂教学时，带着自己生命所应有的特征参与课堂教学时，课堂呈现出的偶然性和不确定性，就成了新课程改革背景下课堂的一个重要特征，犹如一泓自然流淌的清泉，何时急，何时缓，何时会受阻，何时又能顺势而流，都需要具体把控。正是这种丰富多变性使课堂充满了独特的魅力和迷人的色彩，散发着生命的光芒。

汉字的丰富性和字词理解的多义性，也将不可避免地导致语文课堂生成的不同现象。我国的语言文字，如掠过晴空的云彩，它美丽多姿又呈现出个性的色彩，加之阅读者所处时代、背景、个性、经验、个人情感的差异，导致他们对文本的解读必然呈现一种多样的趋势。一千个读者眼中有一千个哈姆雷特；一部《红楼梦》，"经学家看见《易》，道学家看见淫，才子看见缠绵，革命家看见排满，谎言家看见宫闱秘事"。这种多元解读，使语文课堂因生成丰富而美丽！

二、冷观生成：是美好的教育之歌还是课堂噪音

当传统的课堂教学，因过分注重预设而出现种种问题时，新课程改革为其扬起了以人为本的旗帜，这应该是教育的福音，值得庆幸。但是，我们又惊奇地发现课堂教学有时又从一个极端走向了另一个极端——

现象一：教学目标虚化、脱轨

师：你觉得司马光砸缸救人的做法对吗？

生：大家都慌了，有的去找大人，有的哭了起来，只有司马光的办法又快又好。

生：我觉得司马光的办法不好，他可能把缸里的小朋友砸死。

生：对，小石头都会砸伤人，这么大的石头，真的会把缸里的小朋友砸死。

生：缸的碎片飞起来，还会把外面的小朋友砸死。

师：这几位小朋友真会动脑筋。

显然，这位教师想在问题交流中生成学生的发散思维，结果却适得其反。因为该文的教学目标主要是让学生懂得司马光在关键时刻不慌不忙、急中生智、挺身救人的品质，而在教师的引导下，大智大勇的司马光被学生批了个体无完肤，大部分学生对文本的理解偏离了课文的原意，阻碍了教学目标的达成。在许多课堂上，看似兴味盎然的对话取代了对教材文本的解读，导致学生无法得到从字词到文章内涵的深层体验，影响对文本建构的参与程度，使课堂生成流于形式，造成教学目标的偏移，学生认知的偏差。

现象二：教学内容泛化，问题太多

某教师教学《春天的雨点》一课。在揭示课题、让学生初读课文后，教师问："读了课文，你们有什么疑问？"学生纷纷举手。学生问了十来个与课文主旨关系不大的问题，该教师不痛不痒一律作答后，一个学生说："老师，我发现这篇课文的题目和内容联系不起来，题目叫《春天的雨点》，看了让人感觉是在写景，可实际上是在写一件事。"教师觉得课堂上一时半会儿解决不了这个问题，又觉得这个问题很有价值，就让学生谈谈对该问题的看法。由于此刻学生对课文的理解、感受还不是很深，师生花费了很长的时间来讨论，而学生的认识显得零碎和肤浅。一节课结束了，教学还未触及教学内容的实质。

分析导致以上现象出现的原因，我们不难发现，有些教师为了追求所谓的生成，已完全抛开了预先的设计，甚至抛开了文本所要达成的目标。当对事物的认识从一个极端走向另一个极端时，教学就会脱离本应遵循的价值追求的轨迹，如脱缰的野马般毫无限制，那将会是一种非常可怕的局面！是的，我们倡导重视课堂生成，可是，我们是否还应思考：应在怎样精心预设下才会有精彩的生成？我们是否还应思考：在什么时机什么环节生成更合理？我们是否还应思考，当课堂生成的信息如喷涌之泉、汹涌之海时，教师如何应对？换言之，此时，课堂进程是否需要以"这些信息"为中心展开，而抛开教师事先的预设？这是一个非常关键的问题！

现象三：教学作用弱化，缺乏引导

同学们初读课文《美丽的小兴安岭》后——

师：这篇课文讲了小兴安岭的哪些景色？

生：讲了小兴安岭春、夏、秋、冬四个季节的景色。

师：请喜欢春季的同学坐在一起，喜欢夏季的同学坐在一起，喜欢秋季的……

（学生按自己喜欢的季节找到了"同道中人"，大多数坐到春季、夏季小组中，冬季组人很少，秋季的那一组只有四位同学。接着，学生开始小组合作学习，生生对话交流，然后由小组汇报学习结果。多数小组选派了一名最会说话的同学上台发言,而发言往往只代表发言者个人的观点。)

上述案例采用的是小组合作和对话式阅读教学法。对话式阅读应该是对话主体间视界的融合、精神的相遇、理性的碰撞和情感的交融,是对话主体各自向对方的"精神敞开"和"彼此接纳"。然而,在上述案例中,学生在没有充分阅读、思考的情况下进行合作学习和对话交流,由于对课文的理解还不深入,认识也不很深刻,加之教师放手让学生自主合作与对话交流,缺乏适时、适宜的引导,导致小组间的合作与交流的结果与所得是片面的,也是肤浅的,甚至是无效的。这种缺乏引导的所谓的"生成",表面上看似"莺歌燕舞",实质上是个别人的"独舞",甚至是信马由缰式的"乱舞"。如果我们不及时地加以调整,这种生成将会成为课堂的"噪音",扰乱课堂教学的正常进行。

每篇文本都有其价值取向,师生应当以文本为凭,在自由感悟、质疑、批判等学习活动中获得生命的成长。教师在引导学生解读文本时,一是要尽量用不同的观念和方法,从不同的角度来解读文本,尽可能地为学生的发展拓展空间;二是尽量把最好的解读以及其他有差异的解读转化为学生发展的资源。但是,无论怎样解读,我们都不能违背文本的价值取向,这是解读文本的前提。但在实际的教学中,有的教师为了超越文本,追求所谓的多元化解读,不惜背离作者的初衷,偏离文本的价值取向,随意进行文本的拓展延伸,因此忽略了学生的心理感受,淡化了对学生的人文关怀。比如,有位教师执教《地震中的父与子》一课,为了让学生对文本进行多元化解读,在学生刚刚擦干了眼泪,正为这对了不起的父子终于团聚而高兴时,出示了"父亲挖出了血肉模糊已经死去的孩子"和"父亲也在挖掘中不幸遇难"两种悲剧性结局,让学生交流感想,以期对文本进行多元解读。这无疑是对文本的曲解,更是对孩子美好、纯真情感的一种伤害。还有些教师在教学《狐狸和乌鸦》等课文时,都在不同程度上偏重求异思维的生成,甚至抛开教材的内涵去挖掘、去求异,导致对学生人生观、价值观的形成产生了负面影响。这种喧宾夺主、舍本逐末的做法实在不可取!

三、引导生成:课堂中一泓潺潺流淌的清泉

"课堂生成"是新课程倡导的一个重要教学理念,它是相对于"预设"

来说的，教学需要预设，但预设不是教学的全部，教学的真正价值在于在教师引导下课堂有所生成。因此，只有构建多元互动、灵活机智、开放而有活力的课堂教学，让预设与生成相辅相成、相得益彰，才能让课堂流淌出自然的清泉，焕发出生命的活力！如何让生成基于预设而又超越预设呢？

1. 生成贵在"预设"

教学本身是一种有目的、有计划、有组织的师生多边互动活动，教师必须对教学做出预设。因此，在备课时，教师要结合新课程倡导的三维教学目标，深入钻研课程标准和教材中的规定性预设要求，联系学生的生活实际，把课堂可能达到的效果预计出来。另外，在如何运用恰当的教学方式让教学目标有效落实，如何对学生的学习进行有效指导等方面，教师也应做出预设。但要注意预设应是弹性的，应留出足够的空间供师生去交流、创造、共生，让课堂中蕴藏的生成资源滋长，让思维的灵感与智慧的火花尽情绽放。我听过窦桂梅老师的一节《难忘的一课》，课堂上师生情感交融，学生兴趣盎然，探究的热潮一浪高过一浪，课堂教学获得了极大的成功。窦老师镇定自若、亲切自然的神态，坦然自信地面对课堂中生成的种种情况，不由让人感慨：生成贵在预设！她课前的精心准备在这堂课中得到了淋漓尽致的体现。

2. 生成巧在"无形"

一位教师在教学一年级的语文课《小猫种鱼》时，让学生用"种"字扩词并造句。

生：农民伯伯在田里种花生。

生：爸爸在山坡上种果树。

生：老师，可不可以说种太阳？

（听了这位学生的话，孩子们大笑起来……）

师（示意大家停下来）：好孩子，可以。你能告诉我们为什么这么说吗？

生（自信地）：我听过一首歌，名字叫《种太阳》！

师：没错，你真是个细心的孩子！你能唱给我们听吗？

生：可以！

（学生唱了起来，大家鼓掌。）

面对课堂中千奇百怪的生成问题，我们很难有一个放之四海而皆准的办法去应对。教学有法，教无定法。上述案例中，学生说"种太阳"，这是一个大胆的提法，高明的教师理解了学生的创意，没有责怪学生，而是把这一思维的火种进一步播种在其他孩子的身上，接着，他很自然地讲起了课文，让学生去理解、体会。这是课前没有预设到的，但我们不能不说它是精彩的！这堂课上，我们看不出教师运用了哪种教学方法，他只是轻松、自如地和学生交谈，这种高质量的"对话"却能够启迪学生的智慧，使学生的思想放射光芒。然而，这里的随意恰是平日里有意修炼的结果，有着"不着一字尽得风流"的境界！

3. 生成妙在"让位"

课堂情境在变，学生在变，课堂走势在变，教师与学生在互动中的地位也在变。一节课上，教师会面临若干次"变"的决策，教师要时刻保持宽容、开放、接纳的积极心态，机智地处理可能发生的事件，捕捉契机与学生一起构建灵活开放和生成发展的新课堂。以下是我的一次亲身经历。

终于到该上这课的时候了。我兴奋地走进教室说："同学们，你们喜欢画画吗？""喜欢！"学生不约而同地答道。我说："那你们画过流动的画吗？""什么？画还会动？"教室里一片议论声。我说："那我们就一起去看看，画，为什么会动？请打开书……"

在学生通过各种形式的朗读读通课文后，我就开始实施我的设想：一边充满情感地朗读课文，一边开始在黑板上画……突然，有一个学生站起来说："老师，弯弯曲曲的小河应画在山间，让我画好吗？"我说："当然可以。"话音未落，同学们都纷纷举起了小手说："我也要画，我也要画……""不对，云画错了。白云应该画在山间，因为'山腰飘着白纱'。""画一辆汽车不够，应再画几辆汽车。对，方向还不同。课文讲得很清楚，汽车往来如梭。""水库应画两个，因为水库好似明镜。来，让我画。""山上不能画房子，应打上小灰点。因为作者离得太远，看不清山上的房子……"学生你一句我一句，你一笔我一笔，不一会儿，黑板上就呈现出一幅美丽的风景画。课堂好不热闹，学生好不兴奋！

受传统教育观念的制约，新课程中要求教师放弃"权威"地位，这使

得他们必然要经历一个由依附走向独立的痛苦过程。因为教师时刻担心着课堂的无序与紊乱，担心着自己权威地位的丧失。从以上案例看来，这种担心有些多余。当你把课堂这一舞台真正让给学生时，你会发现，他们才是课堂的主宰者、舞台的主角。他们鲜活的个性、灵动的智慧、富有激情的创造力，才是课堂的灵魂所在，此时的课堂可以达到"无序"胜"有序"。正如后现代理论所描述的"强制的有序是无序，伟大的无序就是有序"。反之，如果教师因为学生的"唱主角"而感到无所适从，继续机械地使用预案，不仅淹没了课堂天然的灵性，更挫伤了学生学习的积极性，扼杀了创新精神，使课堂充满了"画蛇添足""弄巧成拙"的教条主义气息。

4. 生成美在"点拨"

语文教学要通过创设情境、选择话题、构建民主平等的课堂气氛，来实现师生、生生的平等对话与交往互动，在对话中呈现问题，构建知识，提升智慧。但教师的特殊地位决定了教师是互动的"发动者"，学生已有的知识经验是实现互动的基础。教师的责任就在于通过启发、点拨和诱导，把学生的知识经验激活，当学生的思路被激发后，课堂上会生成一个个"思如泉涌""精彩纷呈"的美丽动人的画面。此时，教师要进一步激发学生的学习热情和探究欲望，引导学生对问题进行更深层次的质疑、探究；通过合作、交往、对话、引申等方式，打开学生的视野和思维的空间，开发学生的潜能，让学生的想象力和创造力得以充分发挥。

四、反思生成：一道时而香甜时而苦涩的菜肴

叶澜教授认为，课堂应是向未知方向挺进的旅程，随时都有可能发生意外的通道和美丽的图景，而不是一切都必须遵循固定线路而没有激情的行程。这种"意外"，让课堂充满了神秘的美、变幻的美，充盈着智慧的胚芽和创造的激情，犹如一道散发着诱人香味的菜肴，令人向往和期待！但又正是这种意外和不确定性，给教师的知识、能力、视野等带来了全方位的挑战，它要求教师在刚进课堂时，就是一位"运筹帷幄巧布局"的、能将教学预设转化为课堂现实的"帅才"；在教学进程中，是一位"审时度势妙导学"的、能带领学生进入最佳学习过程的"将才"；在课堂顺畅处，是一位"月穿潭底水无痕"的、能艺术化运用教学策略的仁者；在学

习障碍处，是一位"拨开云雾见青天"的、能令学生豁然开朗的智者……

　　一言蔽之，教师只有时刻关注教学的总趋势、大走向和大格局，才能在未知的变数中，把握住课堂本应具有的价值与美丽！否则，课堂将会走向故步自封、缺失主干、价值模糊的境地，成为课改大餐中一道苦涩的菜肴！当然，作为一名语文教师，无论何时何地，只要我们清醒地意识到：自己须为提高学生的语言能力而教；须为提升学生的思维品质和文化内涵而教；须为升华学生的道德修养和精神世界而教。如果你心中存有这些理念，至于教学过程中的细节，我们大可不必对之"如履薄冰""如临深渊"，因为教学是一门充满遗憾的艺术，它是永远无法达到完美的！

　　冰心曾说："美的真谛应该是和谐。这种和谐体现在人身上，就造就了人的美；表现在物上，就造就了物的美；融汇在环境中，就造就了环境的美。"课堂上，只有以和谐为底色，以开放、宽容的心态构建师生、生生互动的人际关系，才能使学生心灵舒展、精神惬意、人格健全。所以，让我们共同期待并努力践行：让课堂预设与生成和谐共生，相得益彰！

以情体验，让心旅行

——"自主—体验"式作文教学模式探索

在教学中，有些教师只注重教给学生写作的基本方法和技巧，如作文的一些基本板块，有的甚至给出具体的事例和材料，这就严重束缚了学生的思维，使他们写出来的作文毫无新意，写不出自己真实的生活体验，也表达不出自己的真情实感。久而久之，学生真实的、发自天性的表达思维就被套上了枷锁。有的教师没有培养学生写日记的好习惯，或者让学生写得过少，一周才需交一篇，学生平时积累得不够，写作时就无话可说了。如此种种，时间长了，学生就会产生一种"畏写"心理。对此，我们对作文教学进行了一番探索，并在"自主—体验"式作文教学模式的探索上，取得了一定的成果。具体内容如下。

一、"自主—体验"式作文教学模式的理论基础

德国阐述学大师伽达默尔说："如果某个东西不仅被经历过，而且它的经历存在还获得一种使自身具有继续存在意义的特征，那么这种东西就属于体验。"因此，对于写作来说，体验十分重要，尤其对于缺少生活经历的小学生而言，更需要多去体验——没有体验，就不会有情感的冲动、智慧的发现、表达的欲望。作文，是学生描写生活的过程，学生的生活实践是作文教学取之不尽、用之不竭的教材。学生有了生活体验之后，写出的文章就会富有真情实感。因此，作文教学首先就要教会学生体验生活。体验是描绘的前提，描绘是体验的升华。教学生写体验式作文，就要通过开展丰富多彩的活动让学生去体验生活，并从一次又一次的体验中有所感悟，这才是写好作文的根本前提。

二、"自主—体验"式作文教学模式的具体运用

1. 低年级的看图说话、写话指导

看图说话、写话是培养学生的观察能力、思维能力和表达能力的有效形式，是小学阶段作文的起步训练。因此，它在小学阶段作文训练中的地

位尤为重要。

首先，要变"静态研究"为"动态参与"。

变"静态研究"为"动态参与"，就是强调学生的写作内容必须来源于他们身边熟悉的人或事，即学生的生活。低年级的作文主要以看图说话、写话为主，而图只是静止的、单调的可视形象，如果教师不注意引导和启发，学生的作文很有可能成为游离于生活之外的文字游戏，或者是单纯地对画面内容进行介绍的解说词。在以往的看图说话、写话教学中，教师往往只注重对学生用词造句、表达顺畅等能力的训练，而忽视了学生观察事物、分析事物能力的提高。

为了解决以上两个问题，根据低年级儿童活泼好动、求知欲强的性格特点，在看图说话、写话的教学过程中，教师应有意识地将静态的画面变为各类动态的活动。如一次说话、写话训练题为"课间活动"，教师可以这样做：首先，让学生说说课间玩过哪些活动。他们说有老鹰捉小鸡、丢沙包、滑滑梯、荡秋千等。其次，要求学生回忆这些活动的规则和玩法，再以比赛的形式让学生说一说，要使别人听了就想玩，看谁说得最棒。最后，教师带全班同学一起玩一次。通过这样的激励，学生对"说话"有了欲望，都争先恐后地说了起来。我在教学这节课时，选了班上一位女生说的"老鹰捉小鸡"游戏和同学们玩了一次，让他们在轻松、愉快的氛围里感受活动过程，整个活动过程也在学生的脑海里有一个清晰的再现，接下来再要求他们动笔写。这样既为学生写出有真情实感的作文积累了丰富的素材，又提高了学生参与活动、辨析事物的能力，同时激发了学生的兴趣，达到了说写相长的目的。

其次，要以"格"为基础，以让学生"不拘一格"表达为目的。

作文教学，尤其是低年级的看图说话、写话作文教学，应该先教会学生写有"格"的作文。因此，在指导作文时，必须教给学生一个"格"，即一个基本模式。我要求学生作文的大致模式如下——

开头：必须是与内容有关的景物描写或者一个四素句（即有时间、地点、人物、事情的句子）。

中间：分段写图意（一般是一个自然段写一幅图，单幅图的可分段，也可以不分）。

结尾：写出事情的结果或者人物的感想。

根据这个模式，我班学生在看图说话、写话作文时，90％的学生都能做到有完整的结构和清晰的脉络。至于遣词造句和其他方面的写作技巧，那就要"不拘一格"了。我在低年级作文教学进程中，非常注意教学结构的科学性、合理性，摸索出了一套自己的教学思路。

总之，这种训练模式，既注重了学生看图说话、写话能力的培养，又加强了学生各种综合素质的训练，为以后中高年级的作文写作打下了坚实的基础。

第三，要循序渐进，持之以恒。

人的思维、表达等各种能力，总是遵循着由简单到复杂、由单层次到多层次的递进规律发展的。我在低年级看图说话、写话中，开展了各种由易到难、由简到繁的阶梯式写话训练。

一年级上学期：写一句话。

A. 写一个完整的句子，如"我是小学生。"

B. 写一个表达感情的句子，如"我们的校园真美啊！"

C. 写一个四素句，如"星期天，妈妈带我到公园去玩。"

一年级下学期到二年级上学期：写几句话（即 A、B、C 的有序组合）。

人动句，如"我在读书。"

人看句，如"我看见了一只小鸡。"

人听句，如"我听见老师在叫我。"

人说句，如"妈妈说：'你一定要好好学习。'"

人想句，如"我想，小猫为什么白天睡觉？"

人感句，如"我伤心地哭了。"

在这些句子训练的基础上，我还进行了一些比较简单的句群训练，将以上各种句子有序地加以组合，以训练学生的组句能力，建立语序概念，从而培养学生的写作能力。

2. 中年段的作文指导

由于受年龄的限制，小学生在写活动时，多用"直线型"陈述模式，即没有多层次、多角度地去观察与描述，写出来的东西没有立体感。这个问题很普遍。下面我们以《记一次大扫除活动》作文教学为例进行对比指导。

过程:

(1) 老师布置大扫除活动。

(2) 在周末下笔成文。

例文:

星期五的课外活动,老师布置我们全班同学进行清洁大扫除。老师先分好工:第一、第二组同学打扫清洁区,第三、第四组同学打扫教室和擦玻璃。老师话音刚落,我们几个擦玻璃的同学就站在窗台上了,我们每个人都认真地擦,不一会儿工夫,就把玻璃擦得干干净净。我们看到大家一个个都成了大花脸,开心地笑了!

运用"自主—体验"式作文模式在此教学中进行指导,作文写作将如何具体展开?不妨看看如下内容。

第一,积蓄体验,经验储备。

让学生提前一至两周阅读关于写活动的材料,在周五布置全班大扫除活动,并要求:

(1) 关注活动时间、地点、活动的参与人。

(2) 在活动过程中重点观察一到两名伙伴的动作、神态及语言。

(3) 说说自己活动的感受和体验。

第二,表达体验,交流分享。

让学生以回忆的形式,在课堂上进行交流分享。

(1) 分组交流(如擦玻璃的分为一组,扫清洁区的分为一组)。

(2) 全班分享交流(每组派一到两人在全班交流),教师适时指导。

第三,布局谋篇,感悟写法。

(1) 出示范文(下水文)。

(2) 教师指导。

第四,材料选择,下笔成文(例文如下)。

星期五的课外活动,老师布置我们全班同学进行清洁大扫除。老师先分好工:"第一、第二组同学打扫清洁区,第三、第四组同学打扫教室及擦玻璃!"大扫除开始了。

老师话音刚落,我们几个擦玻璃的同学就出现在窗台上了。只见李玉

先用湿抹布把玻璃擦了一遍，再用卫生纸擦，对难擦的小灰点，她就用手指甲刮。每擦完一块，她就跳下窗台，歪着身子看着，看还有没有不干净的地方。有时，她还请别人看呢！老师走到她跟前表扬她说："李玉擦得真认真，方法也很好！"她笑了，眼睛变成了一对小月牙儿，嘴却抿得紧紧的。她身旁的邓云没有笑，但是我发现，他看了看李玉后，擦玻璃的动作加快了。我们也都更认真地擦起来。

我们几个同学齐心协力，大约过了20分钟，就把玻璃擦得干干净净了，看到一个个都成了大花脸，同学们开心地笑了！

3. 高年段的作文指导

"自主—体验"式作文模式在高段教学中的运用，具体案例如下。

第一，积蓄体验，经验储备。

教师提前一到两周让学生阅读关于描写菊花的文章和观赏活动的材料，将好的语句摘抄并背诵下来；组织带领全班同学到森林公园看菊展。要求如下。

（1）尽可能记住不同种类菊花的花名，用本子记下来。

（2）根据花名重点观察两至三种菊花的特点，写在笔记本上。

（3）把喜欢的菊花拍摄下来，想想你为什么喜欢它。

上写作课前，教师将学生拍摄到的图片和教师收集到的图片，制作成多媒体课件——"美丽的菊花图"，再配上悦耳的音乐；将学生收集的和自己收集的描写菊花的句子汇集到课件上。试列举如下。

（1）菊花的品种可真多，有千手佛、满天星、翠岗红旗、高山流水、金狮怒吼……

（2）菊花的形状真是多种多样，有的像烟花绽放，有的像姑娘的卷发，有的像光灿灿的小齿轮。

（3）菊花的颜色真是丰富多彩，白的、黑的、蓝的、绿的、黄的、红的、紫的、青的，什么样的都有。

（4）"高山流水"是一种菊花的名字，它白白的、细细的、长长的花瓣，稀稀拉拉地从绿叶上垂下来，恰似悬崖上挂着的涓涓细流，难怪把它叫"高山流水"，真是太形象了！

（5）"金狮怒吼"的名字真贴切，它花蕊当中的橘黄色细瓣，紧紧地蜷缩在一起；四周的花瓣则有力地向外伸展；花瓣的尖儿，像被火烧了一下似的，倔强地卷起来，真像怒吼的雄狮，威风凛凛。

第二，激活体验，拓展思路。

（1）上课伊始，教师播放多媒体课件《美丽的菊花园》，唤醒学生的认知体验，激发学生表达的欲望。

（2）让学生把看到的菊花图用一个词、一句话或几句话表达出来。

第三，表达体验，交流分享。

（1）选择课前观赏的两到三种菊花的特点，让学生在小组内交流分享。

（2）师生、生生交流。

（3）教师适当引导评价。

（4）多媒体出示描写菊花的句子，供学生赏析、选择，以激活他们先前的认知体验，拓宽思路，拓展视野。

第四，布局谋篇，感悟写法。

教师可出示下水文或其他例文。

第五，材料选择，下笔成文。（例文如下）

森林公园看菊展

今天上午，我们到森林公园看菊展。

公园的大门，张灯结彩，装饰得就像过节似的。

一进门，首先看到的是用红菊花组成的"欢迎"两个大字。每个字比半间屋子还大！参加组字的千万朵红艳艳的花儿，脸儿贴着脸儿，微笑着。我们看了，心里暖洋洋的。

管理员也许嫌我们走得太慢了吧，催促说："小学生，走快点儿，好花都在里面的长廊里呢！"

长廊里的菊花确实更多、更美！每盆花都挂着一个小牌子，牌子上写着花儿的名称。"金葵""绿翠环""金背大红""满天星""柳枝染衣""千手佛"……品种多样，异彩纷呈！

光花瓣，就不知道有多少样。管状的，卷舌状的，片状的，细的，长的，宽的……花朵有大有小，形状也不一样。有的像烟花飞溅，有的像姑娘的卷发，有的像光灿灿的小齿轮。花的颜色更是丰富多彩，白的，黑

的，蓝的，绿的，黄的，红的，紫的，青的，什么样的都有。

各种菊花的名字起得多美、多形象啊！

你看"翠岗红旗"，叶子翠绿稠密，一枝花茎高高地托起一朵大红花，确实像一杆红旗插在山岗之上，迎风飘扬。

"金狮怒吼"的名字起得更贴切。花蕊当中的橘黄色细瓣，紧紧地蜷缩在一起；四周的花瓣则有力地向外伸展；花瓣的尖儿，像被火燎了一下似的，倔强地卷起来，真像怒吼的雄狮，威风凛凛。

"同学们，快来看'高山流水'！"一位女同学像发现了什么宝贝似的喊了一声。

"高山流水"也是一种菊花的名字。它白白的、细细的、长长的花瓣，稀稀拉拉地从绿叶上垂下来，恰似悬崖上挂着的涓涓细流；快拖到花盆底部的花瓣，向上一翘，弯成一个个圆圈圈，像溅起的一朵朵浪花。侧耳细听，似乎能听到浪花飞溅的声音……

同学们看着，议论着，用笔在小本本上记着，从这一盆花前移到另一盆花前……

不知不觉，烈日当头，老师要召集我们回去了，同学们这才依依不舍地离开了森林公园。

三、"自主—体验"式作文教学模式的设计策略

（一）以生活实践为依托，丰富学生的体验

陶行知先生认为"生活是教育的中心"。作为教育者，我们要努力创造机会，使学生走向社会，亲身去观察、感受、思考生活，如丰富多彩的校外社会实践活动就能给学生很好的体验，而春风、夏雨、秋韵、冬雪等都是天然的写作资源。正如罗丹所认为的，生活不是缺少美，而是缺少发现美的眼睛。

比如，我校曾由德育处组织学生去老年公寓进行一些社会实践活动，就很有意义。我校的几名学生通过亲身体验，写下了富有真情实感的好文章，李千惠同学这样写："星期三的上午，天气晴朗，阳光明媚，我怀着无比激动的心情走进了石首福利院，来看望那些老爷爷、老奶奶，我们的到来令他们十分高兴。我们一刻也没闲着，给他们表演节目、打扫卫生、

整理床铺、捶背，还陪他们聊天，并送上了我们精心准备的礼物。老人们很开心，脸上露出了久违的笑容，仿佛一下子年轻了许多……"她还在结尾处写道："我今天虽然有点累，但觉得很有意义，尤其是我们临走时老人们那依依不舍的样子，真令我难忘。我们应该多走近这些老人，多给予他们一些关爱，不要让他们感到寂寞孤单，让敬老爱老的优良传统继续发扬下去。"成果同学在作文中写道："今天，我去了老年公寓，那儿的工作人员对我们十分热情，尤其是那里的老人们，知道我们要去的消息后，早已在门口等候多时……表演完节目后，陈老师将我们分成若干小组，我和刘潘欣分在一组。我们去了一位老爷爷的房间，这是一位和蔼可亲的老人，他的头发全白了，背稍微有点驼。据了解，他的老伴去世了，儿女又都在外地工作，因为工作忙，他们一年难得回来一趟，即使回来了也是匆匆见上一面，给老人丢下一些钱就走了。老人患有高血压、心脏病，每天都要吃药，看到我们，老人高兴得像个孩子，连忙拿出抽屉里的饼干硬塞给我们吃。我们帮老人把房间彻底打扫了一遍，打扫完后一边给他捶背一边陪他聊天，聊到高兴处老人会开怀大笑……不知不觉，大半天的时间就过去了，我们要返校了，我们和老人道别。看到那位驼背的老人，我心里很不是滋味，我觉得子女们工作再忙也应该多抽出一些时间回家陪陪家里的老人，尽一点孝心，让老人们的生活不再那么孤单！"

此外，街道、社区、广场、商店等都可以留下学生活动的身影，语文老师要将各种各样的社会生活实践纳入学生经验积累的范畴，让学生积累写作的素材。

(二) 以经典阅读为契机，提升学生的语文素养

最直接、最便利的诱发学生体验的方式，不能不说是阅读了。教师要充分利用阅读的平台，以读促写，做到让学生读写结合。

1. 倡导多元解读

无论是接受美学理论还是建构主义理论，都承认读者会从不同的视角对作品进行多元化、多维度的解读。这些理论对阅读教学产生了积极的指导意义。当学生凭借自己的经验积累和知识结构进行阅读时，必然会对同一文本进行不同角度和层面的理解，而从对文本的整体性透视角度而言，这些理解往往具有不同程度的合理性。教师在阅读教学过程中，应该在思

维方式上破除以往单纯求同的定式,倡导学生对作品进行多元解读,引导学生设身处地去感受、体验,重视对作品的整体感知与把握,注意理解作品内涵的多义性和模糊性,鼓励学生积极地、富有创意地构建文本意义。事实上,教师在这个阅读教学过程中,最重要的是创造一个宽松、自由和开放的学习环境,以满足每个学生独特的学习兴趣和需求,促使学生积极学习,帮助学生成为学习活动的主体,为学生搭建一个自由构建意义的平台。

2. 坚持每天阅读

我们要让学生每天坚持阅读,且坚持阅读经典书目,也可向学生推荐一些适合他们年龄的好书。同时,教师也应注重要将读书的氛围营造出来,还要让学生养成做读书笔记(摘抄)的好习惯,可以尝试利用晨读的一部分时间给学生朗读并背诵自己积累的好词、好句、精彩片段。这样经过长时间的阅读积累,一定会给学生的写作带来很大的帮助。

内塑文化,外秀品位

——"有效教研"的语文教研组文化建设

比尔·盖茨在接受采访时说,中国企业和国外国际型大企业的真正差距不是在人们瞩目的重大战略上,而是在于企业文化积淀上。确实如此,文化力的竞争已成为如今最具时代性的命题,不仅在企业经营中,在教育领域内,文化的力量也逐渐成为推动学校发展、教师成长、学校教学质量提升的巨大内驱力。

学校文化主导着学校每位师生的言行,影响着每一个成员的思维和行为。正是秉承这样的理念,我们的绣林小学在历史的发展中逐渐形成了自己独特的校园文化特色,"外表优雅、内涵博雅、谈吐文雅、举止典雅、品味高雅"的"秀雅"之风,已然成为师生的行为准则,成为所有绣林小学人孜孜不倦的追求。

而我校教研组,作为学校教学发展的最为重要的基层实践部门之一,承担着校园文化建设的重要任务。我们的校园文化是以校本教研为依托,以行动研究为核心的一种教师行动的文化,其目标是要建立以校为本的教研机制。近年来,我校语文教研组在"秀雅"文化的浸润下,以建设"快乐、合作、探究、发展"的语文教师队伍为核心,践行着"让每一位教师走向成功"的师训理念,努力使教师体验研究的温暖、发展的乐趣、创造的快乐,让教师感受到精神的充实和人生的幸福。

一、健全制度文化,形成教研格局

1. 紧抓常规教研

我校的常规教研工作,紧紧围绕"立足课堂,扎根教师,教研与科研同步,研与训相结合"的工作思路开展。每次教研活动,学校都根据学期教研计划内容,指派各分管校长引领各年级教师开展语文教研活动,由教务处实施评价,这些举措,为落实常规教研的各项活动提供了保障。

2. 严肃常规检查

以语文教研组为例,语文教研组采取每学期期初、期中、期末三次常

规大检查和每周五下午一次抽查相结合的方式,对各年级语文教师的常规教学从备、教、改、辅、考等方面进行适时评价,促进了教学规范,提高了教学质量,对推动教师的业务能力提升起到了积极的作用。

3. 合理评价机制

为逐步内化和提升教研组组长的文化管理意识,促进教研组文化建设,学校出台了一系列教研组文化建设考核方案。教研组考核评价与校本培训相结合,开展一年一次的"优秀科研团队"评选,实施捆绑式评价机制,从师德、教育教学、教育科研等方面逐项给教研组打分,最后评出优秀年级教研组,实行奖励工资等待遇倾斜政策,并优先提供外出学习、参观考察的机会,给教师以"成长在学校、成功在学校"的积极的人生体验。

二、建设书香文化,提升教研品位

语文教师,承担着祖国文化的传承与精神文明的守护的责任,其文学修养、文化内涵直接影响着所教学科的高度与广度。因此,学校提出,"学识渊博、知书达理、气度静雅"应是每一名绣林小学语文教师必备的基本素质。

教研组可将团队的智慧精彩地呈现出来,教研组的凝聚力和团队精神靠共有价值观维系。如何引领全组教师形成正确的、积极的共有价值观,是教研组文化建设成败的关键。如何形成团队的利益大于个人利益、互帮互助共同成长、一荣俱荣、远离低级趣味等价值观,要靠不断读书学习来促进。

为积淀教师的文化底蕴,使教师将儒雅教育体现在教书育人上,我校由语文教师承担教学的校本课程"经典诵读",进入每周课程表;"每日一言""每周一诗""每月一书"进入课堂,伴随学生的学习生活。同时,我校语文教研组提倡教师每月读1至2本教学刊物,每学期读3本教育教学专著,并与学校"读书节"活动结合起来,开展读书分享活动,再组织教师们谈体会、谈收获,把教育实践与读书相结合,让他们反思自己的教育细节和习惯,形成自己的教育主张和思路,这样既能指导教师的专业成长,又能丰富教师的文化积淀与提升教师的文化品位。

另外,在教科室的帮助下,按需设班,针对各年级教研组的认知特点，设置各种培训内容，分起点、分层次提出不同的研修内容和重点，开展多种形式的校本研修活动来培训教师，以使教师在行为上做学生的榜样，在修养上做学生的表率。

三、倡导分享文化，提高教研实效

苏霍姆林斯基曾说过："如果你想让教师的劳动能够给教师带来乐趣，使天天上课不至于变成一种单调乏味的义务，那么你就应当引导每一位教师走上从事教学研究这条幸福的道路上来。"

教研的意义就在于此，是为了教师平时的教学能更加轻松有效，为了让教师一节课下来有更多的成就感。设立教研组的意义就在于增强教师之间的合作，使势单力薄的个体走出封闭的圈子，发挥每位教师的特长，发挥团队精神，取长补短，群策群力，将个人优势凝聚为集体的智慧。教研组组长要精心策划教研活动，要为不同层次的教师确定不同的发展目标，要开展有针对性的文化创建活动，实现从校本培训到组本培训的转型，让不同层次的教师的专业水平得到最大限度的发展。

1. 集思广益，提升集体备课质量

近年来，我校语文教研组以教科研活动为载体，把网络集体备课与"自主课堂"模式作为研究高效课堂的突破口，鼓励教师发现问题、分析问题、解决问题，在工作实践中不断反思、求真务实，推动我校教科研工作向更高的层次发展。

我校组织集体备课还一直遵循"四定""三有"的原则。"四定"即定时间、定内容、定主讲人、定交流平台。做到每周一次集体备课研讨，每次活动时间不少于两节课，每次研讨前后需要利用网络平台以"跟帖"方式进行交流分享。"三有"即有固定地点、有备课组长主持、有领导蹲点，以保证备课活动取得实效。

每周一次的教研活动由每个年级教研组长负责，在学期初指定好每个单元的中心发言人，发言人先自行就这个单元的内容进行细致、深入的解读，然后向其他几位教师讲解自己对所备单元的整体思考和对每课重难点的理解、教学设计等，其他教师边听边做详细的记录，然后全组教师共同商议，制订出一份比较完善的导学案。

除了正式的每周一次的教研活动外，教研组成员也要在工作的每时每

刻都进行教研活动。各年级语文教研组教师为统一教学进度，统一检查考核，会随时交流、探讨在备课、教学实践中遇到的问题，并以此开展集体备课活动，备课时，大家共同精选例题，做到资源共享，这样就提高了集体备课的实效性，体现了备课时信息多元组合的优势。

2. 交流探讨，提高"自主课堂"效率

切磋探讨是教研组的生活文化。对于常规教研课，每单元的主备人根据研讨后的导学案并结合本班学情，严格按照我校语文"自主课堂"教学模式，即"导学—自学—互动—展示—点拨—拓展"这六个环节授课。其他教师的评课也是组内研讨活动的重中之重。

评课研讨往往分为三个步骤：第一，由上课教师对公开课的教学内容、任务、设计思想和实践情况等做详细说明；第二，由组内其他教师各抒己见，每个人发表诸如"我遇到这样的问题会怎么处理"的观点，对课堂教学进行剖析；第三，在人人参与、互研互学的交流和探讨的过程中，教师的认识应层层深入，并达成共识，给出最优化建议，促使教师的专业水平在取长补短中不断提高。

为了规范对课题实验的管理，学校还制订了课题实验管理实施办法，鼓励教师们申报小课题，逐步形成"人人有科研任务，个个有科研成果"的良好局面。目前，语文教研组"自主课堂"教学模式下的拓展式教学已然成型，如低年级的"自主—识字"课堂教学模式、中年级的"自主—探究"阅读教学模式、高年级的"自主—开放"阅读教学模式等。同时，各年级教研组还根据学生的特点，申报了"经典诵读策略研究""作文模式研究""课前预习策略研究""学生学习型小组建设实施策略研究"等子课题进行研究。各组成员针对课例进行交流研讨，通过研讨与反思，促进了课堂教学的有效性的提升，也提升了教学艺术和技巧，提升了学校的教育教学质量。

3. 师徒结对，骨干教师引领青年教师成长

为让不同层次的教师都得到相应的提升，教研组依据老、中、青三个不同年龄段教师的专业发展状况与需求，制订相应方案，在不同的维度上提升不同年龄、不同层面教师的专业水准，丰富教师的研究生活，促进教师的深层思考，提高课堂教学质量，激发教师的研究幸福感。例如，每学

期,骨干教师会围绕"有效教学"课题上一节示范课。学校还号召教龄未达三年的语文教师开展师徒结对活动,每个月"师傅"和"徒弟"各上一节课,进行研讨交流,敦促青年教师快速成长起来。

4. 和而不同,鼓励教师尝试创新

在教学研讨中,由于一些教师对教研意义的理解产生偏差,导致他们不能以开放的心态来理性地看待研讨过程中所暴露的问题,使得许多承担公开课任务的教师不能谦虚地倾听反面意见,而参与研讨的其他教师也不敢提出问题或是隐藏自己解决问题的实际经验。这种情况一旦形成,对于形成良好的教研氛围无疑是无利的。因此,我们鼓励和倡导"和而不同"的沟通理念,打破教研组中教师与教师之间的互相提防的情况,鼓励教师合作交流、分享智慧,鼓励教师在教研组内说真话、提建议,养成怀疑、批判、求异的研究之风,从而促进教师群体在不同层面上得到不同发展。

"同课异构"活动的开展无疑是摧毁这种沟通不畅壁垒的有力武器。因此,我校教研组经常开展"同课异构"研讨活动。学校曾以教研组为单位,12位教师围绕本年段子课题探索"自主课堂"教学模式。各位教师以不同的教学设计,呈现出风格迥异的课堂,塑造出各具特色的课堂教学风貌。"同课异构"活动的大胆尝试不仅体现了各教研组、备课组的集体智慧,也展现出每位教师的个人魅力和风采,更为我们研究符合学校特色的"自主课堂"教学模式提供了实践依据。

我们有理由相信,学校独特的教研文化特色给每个语文教师提供了七彩的舞台,让教研组的每位教师都能在分享中收获成功。在"一师一优课"的活动中,我校学科带头人王芳老师执教的《一个中国孩子的呼声》获得大家的一致好评,李倩老师执教的《锄禾》从全市古诗词课竞赛中脱颖而出,并荣获荆州市古诗词课竞赛一等奖,刘静涛老师执教的《桥》荣获市级讲课比赛一等奖的好成绩,宋丽老师执教的《乞巧》《搭石》均荣获荆州市教学大赛一等奖……

总之,教研组文化是一种平等的、自由的、交流的、对话的、校本的、实践的和互动的学校文化,教研组文化建设的最终目的就是要构建符合教师专业成长需要的文化氛围和运行机制,真正实现学校整体文化品位和教学质量的提升。

秀雅课程，奠基未来

——基于"学生发展"的"有效课程"建设

《人民教育》杂志刊发的《走向核心素养》指出，以个人发展和终身学习为主体的核心素养模型逐渐代替了传统的课程标准体系，改革的视点也从单一重视学科教学规律走向人的成长规律与教学规律的叠加和融合。我认为，核心素养的根本功能在于统领，它要统领课程改革的几乎所有环节，引领课程改革走向深入。

对学生核心素养的培养，应以科学性、时代性和民族性为基本原则，以培养"全面发展的人"为核心，分为自主发展、社会参与、文化基础三个方面，综合表现为学会学习、健康生活、责任担当、实践创新、人文底蕴、科学精神六大素养，具体细化为社会责任、国家认同等十八个基本要点。

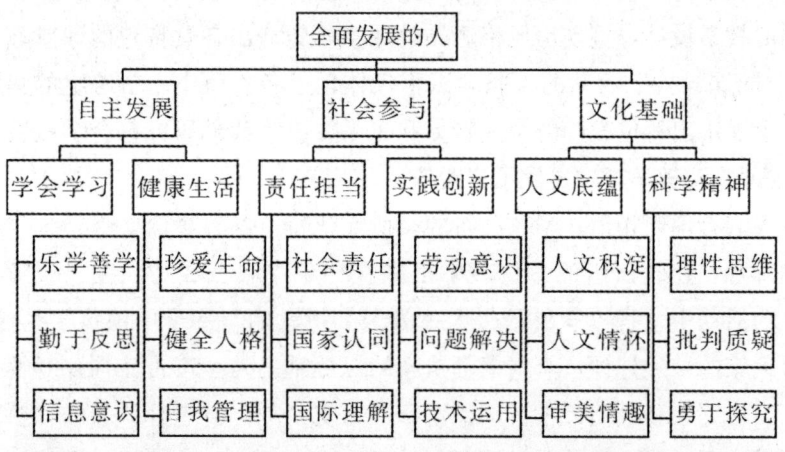

根据这一总体框架，我们学校在"秀雅"核心文化的引领下，致力于培养学生核心素养的校本化研究，对核心素养进行校本化的理解、转化，形成校本化的表达。在课程构建上，绣林小学以具备"外表优雅、内涵博雅、谈吐文雅、举止典雅、品味高雅"的"五雅"核心素养为课程目标，沿着国家课程校本化、校本课程生本化的路径，建立了适合学校实际、指向学生发展、让师生日渐"秀雅"的学校课程体系。

一、确立校本"秀雅课程"核心理念与总体目标

课程核心理念：秀雅。

课程改革思路：有效引领、自主创新。

课程建设总体目标：外表优雅、内涵博雅、谈吐文雅、举止典雅、品味高雅的五雅核心素养。

二、构建校本"秀雅课程"框架体系及评价目标

基本框架：

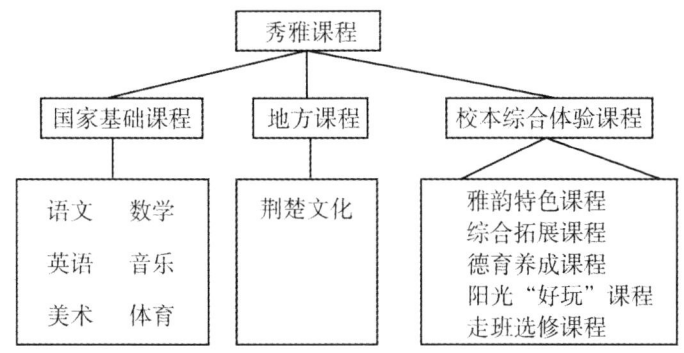

1. 国家基础课程

语文学科：书写漂亮、品经典文、练好口才、写好文章。

数学学科：会发现、乐探究、善于解决生活中的数学问题。

英语学科：规范美观的书写、正确流利的口语表达、开放的国际视野。

音乐学科：唱好歌、品经典、练乐器、习舞蹈。

美术学科：大胆想象、个性创作。

体育学科：会一套武术操、会一种运动、会自主健身。

2. 地方课程

荆楚文化（了解地方特色，地方文化；传承地方文化；培养热爱家乡之情）。

3. 校本综合体验课程

（1）"雅韵"特色课程——立足民族传承，秀雅内涵。

从2008年开始，学校就走上了"国学经典教育"之路，旨在借中华经典的诵读和陶冶，为学生播下中国传统文化的种子，使他们成为"有根"

的"秀雅"学子。

2010年,学校立足儿童视野,以开启儿童心智、培育儿童健康体魄为价值取向,正式将国学经典纳入课程,并与传统武术整合,创立了富有荆楚文化气息的"雅韵"特色课程。课程以学习国学经典与传统武术为主要内容,以传承民族文化和传统武术为宗旨,培养学生的民族意识和民族精神。一至六年级学生每周一节国学课,国学内容由浅入深:一、二年级读基础蒙学,如《弟子规》《三字经》;三、四年级读进阶蒙学,如《百家姓》《千字文》;五、六年级读儒家经典,如《孟子》《论语》等。课程展示以一年一度的读书节为主要形式,迄今已举办七届,每届演出都要求师生人人参与,每届的场面都是气势宏大,并多次在市运动会及世界读书日启动仪式上展演,赢得了社会各方的好评。

（2）走班选修课程——立足自主选择,秀雅个性。

"教育就是给人提供选择的机会,学校要在实施国家课程的基础上,尽可能为孩子的个性发展提供更多的可能性。"每个学生都有自己的天分和想法,学校要为他们实现独特的自我提供机会。于是,"课程超市"应运而生。学校开设了"雅言文学""雅香书法""雅行舞蹈""巧手贴画"、足球、排球、乒乓球等几十门自主选修课供学生选择,让每个学生都拥有一张属于自己的课程表。丰富多彩的自主选修课程和走班走课制,让每个学生在自由选择中尽情绽放个性潜能。雅行舞蹈社的孩子们表演的《蝶舞》,荣登黄鹤美育节的舞台,足球队的孩子们在全市的足球比赛中成绩遥遥领先,数百名学生的美术作品、书法作品、电脑制作获国家级、省级奖励。

（3）阳光"好玩"课程——立足健心康体,秀雅身心。

以儿童为本位,让儿童站在课程中央,是小学学校教育的起点与归宿,也是一切活动的出发点。儿童就是儿童,玩就是他们的天性。学校从儿童的视角,着眼于孩子的兴趣,设计了"好玩"课程。"好玩"课程以年级为单位,每个年级根据学生的年龄特点确定一个项目,以大课间活动的形式呈现。年级项目由年级学生投票得出,得票最多的被确定为该年级项目。我校一至六年级的"好玩"课程分别为:一年级——玩各种游戏;二年级——拍皮球;三年级——跳皮筋;四年级——踢毽子;五年级——

抖空竹；六年级——跳长短绳。"好玩"课程旨在让学生在玩中学习，在动中思考，在乐中成长。在好玩的实践与体验中，培养学生健康阳光的心态，形成团结协作的品质。

(4) 德育养成课程——立足正行塑心，秀雅品行。

以文化育人是教育的核心和灵魂，也是一所学校和谐发展、持续发展的必然路径。学校以"秀雅"文化全面引领学校的德育工作，以课堂为主阵地，以各类活动为载体，将德育渗透于学科教育和实践活动中，构建了课内与课外、校内与校外等较为完整的德育校本课程三大体系：雅言课程、雅行课程、雅心课程。这三大课程体系以"雅言行、塑品行、爱家国"为培养宗旨，并围绕这一宗旨展开序列活动，丰富学生的情感体验，让德育立足课堂、回归生活。

(5) 综合拓展课程——立足社会实践，秀出巧能。

学校通过学科拓展、课外活动、社会实践，把学校教育与家庭、社会紧密结合起来，积极拓展校外教育空间，利用缤纷节日、仪式庆典、基地活动、各类学科拓展活动等，架起学校与家庭、社会的桥梁，让学生在生活实践中，在自我体验、自我动手操作中，掌握生活技能，形成正确的人生观、世界观、价值观。

杜威说："如果今天的学习方式依然如昨，我们就剥夺了孩子的明天。"的确，如何把学生带进真善美的王国，如何让学生焕发生命的本真特性，过一种属于儿童的诗意的生活，绣林小学的"秀雅"课程，有着独特的诠释和存在方式。

让教学成为有效引领

信息技术，促进成长

——基于"有效课堂"的信息技术资源利用策略

教育部颁发的新课程标准，为我国基础教育课程改革描绘了一幅宏伟蓝图，展现了21世纪我国教育的良好前景。它强调，要加强信息技术教育，培养利用信息技术的意识和能力。有不少教育专家也认为，以信息技术资源环境为基础的教育，必将突破学校院墙，延伸到社会的每一个角落，甚至延伸到每一个人的一生当中。在信息技术环境下，教学中的数字化信息（包括多媒体教学素材、网络教学课件以及学习工具软件等），将抽象的知识具体化、形象化，可谓图、文、声、像并茂，完全改变了传统教学形式的单一性缺点，符合学生的年龄特点和认知规律，使教学活动更具多样化、形象化、共享性和高效性的特点，能更好地适应学生的身心发展需要。学习是学习者充分利用环境提供的资源和工具，形成自己的认识和理解的过程。信息技术资源创建了以教师为主导、以学生为主体的教学环境，使学生可根据自己的知识基础、学习能力、学习偏好有选择地进行个性化学习。与统一要求的、以"教"为中心的传统教学相比，学生在信息技术环境下的学习更具主体化和个性化的特征，从而大大增强了学生的自信心、好奇心、探究欲，激发了他们创新思维的火花。

加强信息技术与课程的整合，提高课堂教学效率，是当前课堂教学改革的热点问题。21世纪的语文教学，不能再沿袭以情节分析为中心的讲问式或灌输式的传统课堂教学模式，而应革新进取，以建构主义、人本主义理念为指导，尝试把信息技术资源与语文学科有机整合，激活学生学习语文的主体意识，鼓励学生自主感悟、主动探索，促进学生创造性地学习语文，提升学生的综合素养。近年来，通过信息技术与课程的整合，我校努力优化语文教学，开拓情感教育领域，促进学生主动学习、合作探索，让学生富有个性地发展。

一、利用信息技术，开发情感世界

"感人心者，莫先乎于情。"教育家夏丏尊先生说得好："教育之没有情感,没有爱,如同池塘里没有水一样。没有水就不能称其为池塘,没有情感,没有爱,也就没有教育。"涵养感情,是语文教学的一大要旨。一篇篇文质兼美的课文,都会蕴含着丰富的情感因素。然而,传统的语文教学往往忽视了语文的情感性。杨再隋教授就尖锐地批评了这种现状,不无忧虑地指出:"面无表情的语文老师,望着几十位同样面无表情的学生,这难道不是一种悲哀吗?"同时告诫我们:"情感是在认识的基础上产生的,不能靠告诉、讲解,又不能靠强制、命令,因为那样产生的只是虚情假意。"因此,加强语文教学的情感教育,是小学语文教师的一项重要任务。

实践证明,在创设情境、愉悦学生心理、拨动学生情感琴弦、唤起学生情感体验等方面,以直观性、形象性、生动性为突出特征的多媒体技术,可以在语文教学中发挥重要作用。

例如,有教师在教学《荷花》时,用多媒体播放荷花的录像,并配以古筝名曲《出水莲》。当清幽婉转的旋律响起,婀娜多姿的荷花图片交替出现在屏幕上时,学生惊喜地叫起来:"哇,好美呀!"这时,教师趁机引导学生用一个词形容看到的荷花或想象中的荷花。音乐情境的创设,很快将学生的认知带入了"情感发展区",浓郁的情感又唤起了学生的形象思维,触发了学生表达的欲望。此时,学生真是妙语连珠:"千姿百态的荷花!""亭亭玉立的荷花!""冰清玉洁的荷花!""含苞欲放的荷花!""婀娜多姿的荷花!"……学生的思维如放开闸门的水一样倾泻而出,对荷花的喜爱之情也油然而生。在此基础上,就将具体生动的形象和语言建立起了密切的联系。学生调动已有的言语"库存",根据画面形象,在语言组织中形成了新的语感。在兴趣盎然的激情表达中,全班学生积累到了更多的词汇,并将它们一并纳入到了自己的语汇体系中。因此,多媒体的运用,不仅为学生建构起了新的知识链,还为学生学习课文奠定了情感基调,可谓"课即始,情即生"。

二、运用信息技术,引发探究意识

古人云:"学贵有疑,小疑则小进,大疑则大进。"疑问可以成为学生学习的内驱力。人类的思维活动和创造意识的进步与发展,往往是由于要解决所面临的问题而引发的。课堂上要让学生思,必先教会他们学着质疑。在阅读教学中,教师要积极引导、启发学生思考,鼓励学生敢想、敢疑、敢问,重视对学生质疑能力的培养,进而引导学生探索性地解决问

题，以激励学生自主学习、探索性学习。

我在教学《将相和》时，先用多媒体播放了廉颇负荆向蔺相如请罪的画面。通过观察，学生提出了以下问题："将"和"相"是哪国人？廉颇为什么要负荆向蔺相如请罪？他们为什么不和？是什么原因让他们和好如初的？他们是什么样的人？然后，由学生就自己感兴趣的问题自由组建学习小组。在学习小组内，成员既有分工又有合作，各司其职，有召集人、记录员、网络操作员、汇报人、时间控制员。随即，学习小组成员在我提供的网站中寻找相关资源进行合作学习，并将所涉及的要点记录在专题学习记录表内。

在学习小组自主读书、合作探索学习后，每个专题学习小组分别向全班汇报学习成果。通过这种交流和协作，使学生对《将相和》的历史背景有了更全面、深入、具体的了解和认识。在此基础上，学生又产生了新的问题："现在和氏璧还存在吗？""廉颇和蔺相如的品格是21世纪的人应该具有的吗？"……于是我又向学生提供了相关网站的地址，教给他们一些搜索信息的方法，鼓励学生继续上网学习。同时，我还指导学生将课堂学习延伸到课外，要求学生用电子小报、资料卡等形式将学习小组的学习成果发送到网上。在这节课中，我充分发挥了合作探究学习在网络环境下的作用，在不断产生的问题中，引导学生运用网络资源逐步深入地开展学习活动，尊重学生积极探究、合作学习的意识。

又如，在学习了《小壁虎借尾巴》一课后，学生了解了小壁虎、老牛、燕子、小鲤鱼等动物尾巴的功能。这时，教师就可播放一些其他动物的活动情况，以激发学生对其他动物尾巴功能的探究欲望，并可引导学生通过网上检索，了解到其他动物尾巴的不同功能。

开展在信息技术环境下的探究性学习，既有利于提高学生的思维能力，又有利于提高学生合作学习的能力，从而促进学生的高级认识能力的发展，提高学生提出问题、处理问题、解决问题的能力，提高学生的人际交往能力，也对学生具备终身学习的能力具有积极作用。

三、运用信息技术，促进主动参与

信息技术的优点之一是直观形象，能使人透过丰富的语言文字，认识那些未曾知或不易知的事物。在直观形象面前，学生会产生浓厚的兴趣，从而自觉地进行探究。在教学实践中，我通常会注意引导学生借助网络搜索功能来进一步理解课文内容，促进学生的主动参与。

例如，《可爱的草塘》这篇课文描写的是草塘的景色，文字优美、生动，表现草塘的可爱的一段文字是这样的：

浪花翠绿翠绿的，绿得发光，绿得鲜亮，欢笑着，翻滚着，一层赶着一层涌向远方。仔细瞧那浪花，近处的呈鲜绿色，远一点儿的呈翠绿色，再远的呈墨绿色，一层又一层，最后连成一片，茫茫的跟蓝天相接。

在理解这段文字时，学生对"鲜绿色、翠绿色、墨绿色"这几种颜色似懂非懂，即使查字典也很难准确理解这些色彩的含义，甚至混淆不清。于是，我先给学生提供一幅草塘的轮廓图，然后让学生打开画图程序，引导他们找出课本上所说的那几种颜色，最后让他们将这几种颜色填入相应的位置。这时，我利用计算机进行交互教学，将真实的草塘录像放给学生看，让他们将录像中的草塘与自己所画的图画进行比较，检验自己对语言文字的感悟能力强弱如何。我还运用多媒体图文并茂的特点，引导学生进行文字的积累与背诵。这不仅激发了学生的学习兴趣和主动参与意识，还调动了学生的眼、手、口、耳等多种器官参与语文学习，加强了学生对语言材料的理解和运用。

四、运用信息技术，激发个性表达

新课程改革十分重视学生的个性发展。新的语文课程标准明确提出，"阅读是学生的个性化行为"，在阅读教学过程中，"不应以教师的分析代替学生的阅读实践"。在课堂实践中，通过借助多媒体，可以对学生进行语言文字的训练，拓展学生想象与表达的空间，丰富学生对语言的个性化感悟和表达。

在《荷花》这篇课文中，叶圣陶用"有的才展开两三片花瓣儿。有的花瓣儿全展开了，露出嫩黄色的小莲蓬。有的还是花骨朵儿，看起来饱胀得马上要破裂似的"这种句式写出了荷花的姿态美。为了让学生领会和想象出更多不同姿态的荷花，并用个性化的语言表达自己的感受，我先用多媒体播放反映这段文字的录像，然后把画面定格在一池不同姿态的荷花上，并配以轻快的音乐《采莲曲》。这时，我启发诱导学生："荷花还会有哪些姿态呢？咱们也来学学叶爷爷，用'有的……有的……'句式说说吧。"轻快美好的音乐能激发人的无限遐想。此刻，学生的想象仿佛乘着音乐的翅膀飞到了荷花塘边，而各种姿态的荷花也正用绽开的笑脸迎接着

学生们……学生闭目想象，倾刻便思如泉涌，纷纷说道："有的荷花在微风吹拂下一起一伏的，像在捉迷藏。有的荷花挨挨挤挤的靠在一起，仿佛在跳舞。""有的歪着脑袋，好顽皮呀！有的藏在荷叶底下在和青蛙姐姐说悄悄话呢！""有的亭亭玉立，像刚出浴的少女……"虽然这些表达像诗一般美而且充满个性，但我并不满足，而是继续因势利导："同学们，你们的想象很美！是啊，荷花的美不是用语言能说得尽的，她时而像刚出浴的少女，时而像调皮的顽童……让我们一同分享历代文人墨客心中的荷花情结吧！"于是我打开事先准备好的有关描写荷花的文章网站，让学生自主选择喜欢的文章阅读。学生们很快便找到了朱自清的散文《荷塘月色》、杨万里的诗《晓出净慈寺送林子方》、周敦颐的《爱莲说》……每篇文章几乎都配有生动有趣的动画短片和美丽的风景图片。这时，有的学生给自己喜欢的文章进行配音，有的找到自己的好朋友合作朗诵……看到学生们余兴未了，我又把话题引到写作上："同学们，相信读完这些文章你们也想表达对某种事物的喜爱之情吧？那么，现在就把你们对美好事物的感受写下来。只要你们像叶爷爷那样按着一定顺序，把真情实感付诸笔端，你们就能写出像《荷花》《荷塘月色》那样优美的文章。"于是，我引导学生进入相关的资料库，里面呈现出《荷花》等许多名家的作品及其对写作荷花手法的介绍。我让学生根据自己的兴趣，选择自己喜爱的写作表达方式，学习名家的写作技巧写一篇文章。

　　对信息技术的利用，促进了学生积极主动的学习，推动了学生学习过程的自主化、个性化，激发了学生的主体意识。网络资源图文并茂，形、声、色兼备，能形象地呈现出课文的意境及其主题内容，不但为学生创设了生动的学习环境，而且激发了学生的学习兴趣，拓展了学生的知识面。

　　小学生正处于情感、认知、感悟、语言、审美、创造等各项能力的重要发展时期，教师应因势利导，广泛利用现代教育技术手段，尤其是多媒体信息技术，创设丰富多彩的学习情境，实现信息技术资源与语文学科的有机整合。同时，教师还应将课内教学延伸到课外，为学生搭建多元化的自主发展平台，以激活学生学习语文的主体意识，提高语文学习效率。如何正确而科学地运用信息技术资源提高课堂效率，让信息技术资源为学生全面和谐、有个性地成长提供沃土？这是我们每一位教师都应该思考的问题。

第二章
自主创新，有效引领 之 教学篇

情理交融，对比感悟

——《一个中国孩子的呼声》教学设计及教学评析

【教学目标】

（1）有感情地朗读课文。

（2）理解信的主要内容，体会作者所表达的真挚情感。

（3）能联系实际，谈自己学习课文的感受，树立热爱和平、维护和平的信念。

【教学重难点】

理解"我"为什么发出呼吁，体会"我"对父亲的深切怀念，对和平的无比渴望。

【教学过程】

一、情境导入，感知全文

（播放图片，体会幸福，引入课题。）

师：图片上的孩子们和同学们一样幸福，可是，这样幸福的生活并不属于每个孩子。让我们一起继续走进第15课，去倾听一个中国孩子的呼声吧！（出示课题）

（教师引导学生回忆课文内容。）

师：通过上节课的学习，我们知道了这篇课文是雷利写给联合国秘书长加利先生的一封信，信中到底讲了些什么？（指名让学生回忆课文主要内容）

师：1994年，雷利的爸爸雷润明同志在执行维护和平的行动中不幸牺牲了，两年后，雷利怀着沉痛的心情写下了这封信，他在信中呼吁了什么？（根据回答板书：要和平，不要战争）

二、深入探究，感悟形象

（让学生默读第2～5自然段。）

师：那雷利的爸爸是个什么样的人呢？请自由读课文第 2 至 5 自然段，看这位爸爸是个怎样的人，用笔画出相关句子，可以做一下批注，然后交流一下，说一说你的认识。

（学生勾画、交流、汇报。）

（1）"我的爸爸是一名卓越的……"

指导学生理解"卓越"。

（2）"我至今都忘不了……"

指导学生体会出爸爸很爱"我"和妈妈，但是为了和平事业，他义无反顾地奔赴了维护和平行动的第一线。讲解"蓝盔"象征着和平，指导学生结合爸爸送"我"一顶蓝盔谈体会。

（3）"我的爸爸精通四国语言……"

指导学生根据自己掌握的语言情况理解"爸爸精通四国语言"有多了不起，以及"我"的自豪之情，有感情地朗读相关句子。

三、入情入境，潜心会文

（引导学生想象父子再次见面的情景。）

师：孩子们，假如你就是雷利，今天你的爸爸就要凯旋归来了，你的心情会怎样？（学生发言）

师：让我们穿过时空的隧道，和妈妈一起来到机场。看到爸爸凯旋归来，你的心情怎样？会怎么做、怎么说？爸爸会带什么礼物呢？

（再现见面时的情景。）

（1）播放图片、音乐，教师解说。

师：现在爸爸回来了，蓝盔也回来了，但它是钉在爸爸的灵柩上回来的，"我"和妈妈捧着鲜花，接到的却是爸爸那覆盖着国旗的遗体。

（2）指导学生有感情地朗读相关内容。

师：爸爸永远永远地离开了"我"和妈妈，此时此刻，你心情怎样？读出你的感受。

（引导学生理解"爸爸的死是光荣的"。）

师：爸爸是为了维护世界的和平而牺牲的，他的死是——光荣的……

师：这是一位用生命捍卫和平的勇士，他的儿子雷利怎能不呼吁要和平，不要战争？所有善良的人都希望和平之神永驻人间。但是现实生活中又是怎样的呢？请大家默读第6、7自然段。

（师生交流收集的战争资料，谈体会，理解"娇嫩的'和平之花'"的含义。）

引导学生理解雷利的呼吁：

（1）过渡：正因为这朵"娇嫩的'和平之花'"还经受着罪恶的子弹的威胁，所以雷利这样向加利先生呼吁：救救孩子们。

（2）拓展：雷利的这种呼吁是为了母亲不再（失去儿子），还为了什么呢？发挥你们的想象补充一下。

（3）大屏幕出示课文最后一句，齐读。

四、点题明理，拓展升华

（1）过渡：（出示维和部队图片）全世界热爱和平的人和国家正在为维护世界的和平做出不懈的努力，自从第二次世界大战后，共有100多个国家派出过100万名维和人员，他们为解决地区冲突和维护和平做出了不懈的努力。

（2）表达内心想法：听到这么多人为和平努力，你有什么感受，想说些什么？

（3）祝愿：在全世界所有人的共同努力下，和平之神一定会（永驻人间），（画和平鸽）让洁白的和平鸽带着我们的美好祝愿在蓝天下自由翱翔，让和平之花越开越艳，让和平之神（永驻人间）。

（4）欣赏：现在，在人类的共同努力下，世界正在成为充满阳光、鲜花和爱的人类家园。（播放歌曲《让世界充满爱》）

（执教：王芳　指导：蔡隽）

【教学评析】

今天，听了骨干教师王芳的语文课《一个中国孩子的呼声》，受益匪浅。本课属于书信体文章，信中一个孩子缅怀父亲——一个为维护世界和平而献出宝贵生命的英雄，并代表所有热爱和平的人呼吁国际社会：一致行动，维护和平，制止战争。课文用孩子的眼光看和平，把家庭的不幸和世界的不幸有机地联系在一起，饱含着一个孩子失去亲人的悲痛和对和平的无比渴望之情。文章语言朴实，情感强烈，催人泪下。王芳老师在课堂中通过跌宕起伏的情境对比、深入浅出的读悟结合、潜移默化的情理交

融,引导学生入情入境地读,潜心会意地悟,使学生情动于文,言发于思,强烈的情感共鸣激荡在课堂中,课堂上,学生泪水盈盈。

一、情境对比——入情

常言道:"文似看山不喜平。"上课也是一样,我以为一堂好课的精彩必定来自于其独特的教学亮点。本节课,王老师对情境对比的创设,堪称精妙,值得我们的点赞。

课堂伊始,王老师首先通过展示几幅和平美好生活的图片,让学生沉浸在现实美好的生活中,为学习后文走近残酷的战争、制造情感冲突埋下了伏笔。这时老师话锋一转,"可是,这样幸福的生活并不属于每个孩子",引发学生对探究文本的兴趣。而当学习理解第6自然段"这朵娇嫩的'和平之花'"时,王老师首先让学生汇报收集的有关战争的文字资料,再通过现场观摩残酷血腥战争引来种种恶果的图片,将离学生比较遥远的战争拉到了学生眼前,这样一前一后的对比,使学生产生了强烈的视觉、听觉及情感的冲击,很自然地将向往和平的信念深深地植入了脑海。正所谓"未成曲调先有情",王老师以自身的语言渲染、扎实的语文功底、充满感染力的导入,奠定了课堂情感的基调,使学生很快沉浸于文本而深受文本情感的感染!

语文课要以情动人。本节课,王老师在"情"字上下足了功夫。王老师以小作者的回忆——"我至今都忘不了,爸爸临上飞机前对我和妈妈那深情的目光。他说:'孩子,等爸爸回来,我一定送你一顶"蓝盔"。'我们与爸爸相约,等爸爸凯旋的那一天,我们要带着最美的鲜花迎接他。"切入课文,巧妙地对课文内容进行了设计。"想象爸爸凯旋归来的美好画面"的活动——"让我们穿过时空的隧道,和妈妈一起来到机场。看到爸爸凯旋归来,你的心情怎样?会怎么做、怎么说?爸爸会带什么礼物呢?"因为学生们受到了感染,又因不同的个性而表达得五花八门,绽放出个性的色彩。同时,也不忘烘托文本——"现在这顶蓝盔回来了,但它是钉在爸爸的灵柩上回来的。我们如约捧着鲜花,接到的却是爸爸那覆盖着国旗的遗体"的丧父之"痛"与原本美好的期望形成了强烈的对比。此时,教师先出示"爸爸"灵柩归来的画面,哀乐响起,再指导学生个性化地阅读文本,此时的课堂,有的学生在默默流泪,现场听课教师也无不为之动容，课堂上师生、生生的情感相互激荡。那种对父亲的"爱"与丧父之"痛"相互交织，形成了强烈的对比之后，自然又升华到了对战争的"恨"。正可谓以情激情、以情启情、以情动人，情感的波涛在课堂上起伏荡漾。

二、读悟结合——入境

一堂好的语文课，要"情浓"而"味正"。所谓"味正"即要有"语文味"。细品本节课，其"味正"表现为读悟交汇，教师让学生在"读"中品情、在"悟"中明理。

王老师在教学中注意引导学生在读中感悟，尤其是感悟重点语句，引导学生通过角色迁移，与小作者一起欢喜、一起倾诉、一起自豪、一起悲痛……如"全家沉浸在失去亲人的巨大悲痛中"，用低沉、缓慢的语调读；"我的爸爸精通四国语言……"要表达出自豪、崇敬之感；对于之中的三个"和平"，不仅要强调通过个性化的理解，读出强烈的感情，还要体现出对残酷战争的倾诉和对和平的渴望。王老师对此指导得非常到位，课堂上不仅有声情并茂的"读"，还有潜心会意的"悟"。王老师以读为本，又突出感悟，在读悟交汇中，使学生因雷利的痛而痛、因雷利的喜而喜、因雷利的自豪而自豪……使学生入情入境，潜移默化地受到了情感熏陶。

三、情理交融——升华

如何突破和超越文本，达到情感的升华？王老师步步为营，当课堂进入尾声时，王老师出示了世界维和部队的图片，并引导学生自由表达所想，之后，结合板书，她用饱含深情的语言——"让这洁白的和平鸽带着我们的美好祝愿在蓝天下自由翱翔，让和平之花越开越艳，让和平之神永驻人间。"随后，课堂在《让世界充满爱》的音乐声中结束。

在情理交融中，学生由"丧父之痛"这种"情"，上升为"战争之恨"这种"恨"，更升华到了"热爱和平"这种"理"。因为情理交融，学生的"情"因"理"而撼人心魄，学生的"理"因"情"而更发人深省！

（评课人：蔡隽）

前置学习，合作探究

——《只有一个地球》教学设计及教学反思

【教学目标】

（1）能正确、流利、有感情地朗读课文，体会课文语言严谨、用词准确以及在谋篇布局上有条理等特点。

（2）理解课文内容，懂得"只有一个地球"的道理，从而珍爱地球，善待地球。

（3）培养收集整理材料的能力，通过调查地球的资源以及地球所受到污染的有关信息，懂得保护生态环境、保护地球的重要性；增强环保意识，受到保护环境的教育。

【教学重难点】

（1）理解课文内容，懂得"只有一个地球"的道理。

（2）增强环境保护意识。通过联系实际加深对课文的理解，并将保护地球的意识付诸行动。

【教学过程】

一、前置性学习

（1）预习课文，注意把词语读准确，把语句读通顺，并思考课文向我们介绍了地球的哪些知识。

（2）收集地球的相关资料，大致认识地球。

二、情境创设

在浩瀚无边的宇宙，有一个美丽的星球，她是我们人类的家园，它是太阳和月亮的朋友，她就是可爱的——地球。

三、交流展示

（1）同学们知道有关地球的哪些知识？

（2）用课件展示收集的相关资料。

（3）引出课题（补充板书），指名齐读课题，让学生说说为什么这样读。

只有一个地球

只有一个地球

只有一个地球

（4）借助课件复习巩固生字词语。

四、合作探究

（1）请学生用自己喜欢的方式读课文，看看能不能很快地找出课文向我们介绍了地球的哪些知识。

（2）请学生看课件，对照课文，小组内互相说一说想法。

（3）如果用文中的一句话来形容地球，你认为是哪句呢？

（4）指名回答后，板书"可爱""易碎"。

（5）请学生快速浏览课文，用"——"划出表现地球"可爱"的语句。

（6）过渡：你从哪些语句感受到"地球的可爱"？

（7）学习"地球的美丽"。

①"薄"字读音。形容厚度小读"báo"、形容浓度低读"bó"。

②从作者的描写中，你感受到了什么？（板书"美丽"）你能具体说说从哪些词语感受到地球的美丽吗？谁知道纱衣指什么？（大气层）运用了什么说明方法？（打比方）

③运用打比方的手法让我们更能感受到地球的美丽。谁来把这段话再美美地读一读？

④齐读。这句话运用了什么说明方法？把地球比作什么？（人类的母亲，生命的摇篮）

⑤小结：看，作者运用打比方的手法，不但突出了地球的美丽、可爱，更多的是对地球的赞美。让我们用赞美的语气再读这句话。

（8）作者把地球比喻成人类的母亲、生命的摇篮，难道就仅仅因为她外表美丽吗？（课件展示地球无私地向人类提供着各种资源的相关内容）

①板书："无私""慷慨"。

②你是如何来理解这两个词的？

③用"慷慨"造句。

④地球无私地向人类慷慨地提供矿产资源，同学们都知道哪些矿产资源？像这些要几百万年，甚至几亿年地质变化才能形成，而且用完可能永远消失的资源，我们称它们为不可再生资源。除了这些资源，地球还向我们人类提供着什么资源呢？（水资源、大气资源、森林资源、生物资源）这些资源的特点是可以循环利用，所以是可再生资源。可见在这段话中提到的矿产资源只是地球的各种资源中的一种，你知道这是运用了什么说明方法吗？（举例子）

（9）总结：地球赋予万物生命，哺育人类成长，可以说，没有地球就没有人类，让我们再一次深情地赞美自己的母亲。齐读"地球，这位人类的母亲，这个生命的摇篮，是那样的美丽壮观，和蔼可亲"。

（10）过渡：是啊，"我们这个地球太可爱了，同时又太容易破碎了！"你从哪些语句读出了地球"太容易破碎"呢？

（11）学习第3自然段。

①第3自然段告诉我们，人类对不可再生资源是什么态度？（不加节制的开采）怎样的开采叫"不加节制"？（生答，略）这让老师想起前不久在网上看到的资料，据科学家推算，依照现在的速度，煤再有100年左右将会完全枯竭。（板书"资源枯竭"）你知道"枯竭"意味着什么吗？

②作者面对这些残酷的现实，在写这一段话的时候，会是什么样的心情呢？（气愤、不满、着急、告诫……）

③那么，把你的理解通过你的朗读表达出来吧！女生读第一句，男生读第二句。

（12）学习第4自然段。

①人类又是如何对待可再生资源的呢？（抽生读）

②"本来"是什么意思？换成"原先"再读一遍。

③现在呢？为什么？

④"本来"这个词能不能去掉？为什么？（师总结作者用词的准确，行文的严谨，这一点特别值得我们学习）

⑤你知道人类的这些破坏行为，造成了哪些生态灾难吗？（生交流）

⑥老师也收集到了一些相关资料。（出示课件）

⑦面对这些触目惊心的数字，此时你有怎样的感受呢？（痛心、愤怒、

可怕、心情沉重、沉痛)

⑧是啊，地球妈妈，因为人类没有好好地保护你，你原来是那样美丽壮观、和蔼可亲，而现在却面容憔悴、伤痕累累。谁来接着说？（学生把诗补充完整）

⑨把我们现在的心情融入这段文字中，自己练习读一读。

⑩指名读。

五、自主归纳

(1) 有人可能会说：既然地球那么容易破碎，地球上的资源又是那么有限，我们就到别的星球上去生活吧！可不可以呢？

(2) "至少"是什么意思？（最少）言外之意呢？（不太可能）

(3) 那么"40万亿千米"是一个什么概念呢？

(4) 地球被破坏了以后，我们真的是别无去处。因为我们只有——（生齐答：一个地球！）

六、拓展延伸

(1) 只有一个地球，我们别无去处！那么，我们又该怎样做呢？

(2) 请同学们看屏幕，老师建议大家课后可以自主开展环保活动。

(3) 小结：让我们从自身做起，用具体行动，共同捍卫我们的地球妈妈！

【教学反思】

《只有一个地球》一文，采用科学小品文（文艺性说明文）的形式，从人类生存的角度介绍了地球的有关知识，阐明了人类"只有一个地球"的事实，呼吁人类应该珍惜资源、保护地球。课文采用了列数字、举例子等多种说明方法，科学地介绍了有关地球的多方面的知识，有力地证明了"只有一个地球"的事实。用词严谨、表达生动，是本文语言的主要特点。同时，课文多处采用比喻、拟人等手法，体现了科学小品文语言的生动形象。

我平时就比较重视对学生的预习指导，引导学生充分收集相关资料，并自主学习课文，实现学习前置、问题前置，构建初步的知识结构。

在教学中，我先让学生交流他们课前收集的和地球相关的资料，再通过生动形象的多媒体课件的演示,让学生充分体会到地球家园的美好,让学生对地球母亲的热爱之情油然而生。这样自然地引出课题后,又充分发挥学生的自主性,让他们用不同的方式读课题,以此读出不同的理解。

课文中引用宇航员的感叹"我们这个地球太可爱了,同时又太容易破碎了",是学生理解上的一个难点。所以在"合作探究"环节中,我先努力指导学生体会地球母亲的"可爱"之处。无论是从课前的图片上,还是从课文前两个自然段里,他们都很容易明白地球外观的美丽。但是对于地球的"慷慨无私",学生们不容易看见。我用一个问句引导就使问题迎刃而解了:"作者把地球比喻成人类的母亲、生命的摇篮,难道仅仅就因为她外表美丽吗?"

正是有了这样的感情积淀,在后文的教学中通过理解"不加节制""滥用""随意毁坏"等重点词语,学生更强烈地明白了人类是多么自私、多么贪婪,意识到如果"不加节制"地开采,"随意毁坏"资源,可爱的地球就可能走向"破碎"。

至于说明方法,因为以前学过,在这课中,我仅仅是见缝插针地问问,比如,作者是用什么说明方法来阐述观点的,并指导学生简单批注这些方法。

当然,在本次教学中也有需要改进的地方,例如,对学生有感情地朗读课文,训练得还不够。

(执教:王芳　指导:蔡隽)

立足实际，引导表达

——《锄禾》教学设计及教学反思

【教学目标】

(1) 学会5个生字，理解"锄禾、辛苦、日当午"等词语的意思。

(2) 图文结合，理解古诗的意思，能有感情地诵读古诗。

(3) 懂得粮食来之不易，形成爱惜粮食的习惯，懂得尊重农民的劳动。

【教学重难点】

理解诗句的意思，诵读古诗；懂得粮食的来之不易。

【教学过程】

一、走进生活，发现古诗

(1) 播放餐厅图片，然后提问：仔细观察，你看到了什么？

(2) 让学生交流所看到的餐厅墙上的标语：

一粒粮食一滴汗。

一粥一饭当思来之不易。

节约是美，浪费是丑。

谁知盘中餐，粒粒皆辛苦。

(3) 这几句话中，有一句就出自我们今天要学的一首古诗。（板书课题"锄禾"）为什么它会出现在餐厅的墙上呢？让我们带着问题，一起来学习今天的古诗。（学生齐读课题）

二、初读正音，整体感知

(1) 让学生用组词的方法理解课题，指导学生读准课题，纠正学生错误读音。

(2) 请同学们听老师范读一遍，想一想，这首诗有几句？

(3) 请同学们自由读古诗，要求读准字音，读通诗句，画出生字词。

(4) 检查自读情况，识记生字。

三、情境创设，精读感悟

（1）出示插图，指出这首古诗是唐代诗人李绅看到农民伯伯在地里辛勤劳作后写的。

（2）引导学生用"什么时候谁在什么地方干什么"的句式把插图内容说完整。

（3）诗中哪两句诗描绘出了这幅画面？（出示插图与前两句诗）指导学生朗读"锄禾日当午，汗滴禾下土"。

（4）师范读，让学生闭上眼想象这首诗所表现的画面。（听老师读，你仿佛看到了什么）

（5）同学们，你们知道粮食是怎样种出来的吗？（播放"春耕、夏种、秋收"组图，并简单为学生讲解从播种到收获的整个过程）农民伯伯在粮食的生长过程中，还会遇到怎样的困难？又会如何克服？

（6）看到这组图片，你想说什么吗？

（7）诗人李绅看到农民辛苦的劳作后他想到什么呢？（谁知盘中餐，粒粒皆辛苦）

（8）质疑：读到这里，你有什么不明白的地方吗？（解释"盘中餐""皆"）

（9）出示一碗米饭的图片，让学生通过实物理解"盘中餐"，让学生拿着"盘中餐"，说说想对农民伯伯说些什么。引导学生朗读。

（10）现在你们知道为什么餐厅里会贴着"谁知盘中餐，粒粒皆辛苦"这句诗了吗？这是为了告诉我们什么呢？

四、体情悟理，怡情创造

（1）今天，老师在学校餐厅看到了几个画面，并把它们拍了下来，现在我们一起来看看。

（2）播放图片（学生吃饭浪费现象），提问：你看到了什么？你有什么话想对图片中的小朋友说吗？

（3）你能用诗中的两句话来劝劝这些小朋友吗？

（4）看了这些图片，你有什么话要对自己说吗？

（5）带着你的理解，我们再来读一读这首诗。

（6）学生练习背诵，展示。

五、吟唱表演，抒发感情

同学们，不仅你们觉得农民伯伯很辛苦，有些优秀的曲作家也觉得农民伯伯很辛苦，有人就把这首古诗谱成了一首曲，你们想听听吗？（播放歌曲）

【教学反思】

《锄禾》是唐代诗人李绅写的一首脍炙人口的诗。这首诗写出了烈日下农民辛苦劳动的情景。对于一年级学生来说，虽然能很容易把这首诗倒背如流，但不能真正体会诗中的含义。对于这样的古诗该如何进行教学呢？

首先，我出示了学校餐厅的图片，让学生发现墙上节约粮食的标语，并产生疑问：为什么这些标语会出现在餐厅里呢？然后带着疑问，走进古诗。

由于学生对农民劳动的情景缺乏感性认识，所以如何让学生体会劳动的辛苦和粮食的来之不易，从而认识到应珍惜劳动成果，是教学的难点。而低年级学生形象思维较发达，于是我特地设计了春耕、夏种、秋收的组图，让学生了解粮食的生长过程，从中感受到劳动的辛苦以及粮食的来之不易。同时，我引导学生发挥想象力：农民伯伯在粮食的生长过程中，还会遇到怎样的困难？又会如何克服？这样一来，既让学生体会了劳动的辛苦以及粮食的来之不易，又训练了学生的口头表达能力。

《锄禾》这首古诗的思想教育意义，在于要求学生树立"粮食来之不易，我们要爱惜粮食"的正确观念。在教学前，我拍摄了学生在平常生活中出现的浪费现象，并对他们适时进行教育，从而使学生对农民锄禾的辛苦、粮食的珍贵铭记于心。

本节课教学中的遗憾是，学生写字的时间在课堂上没有得到保证。

（执教：李倩　指导：蔡隽）

享受内容,加深理解

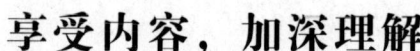
——《巨人的花园》教学设计及教学反思

【教学目标】

(1) 会认8个生字,会写12个生字。正确理解"洋溢""冷酷"等词语的意思。

(2) 正确、流利、有感情地朗读课文。了解巨人的花园景色变化的过程。

(3) 明白"快乐要与大家一起分享"的道理。

【教学重难点】

了解巨人的花园景色变化的过程。明白"快乐要与大家一起分享"的道理。

【教学过程】

一、激趣导入

(1) 谈话:同学们都喜欢读课外书,你们读过哪些书?

(2) 逐一出示各种童话故事图片,让学生看图猜童话。

(3) 导入课题,板书。

设计意图:良好的开端是成功的一半,新课伊始,采用学生喜闻乐见的看图片猜故事的游戏活动导入课题,能够激发学生的学习兴趣,提高学生的学习效率。

二、初读故事

(1) 初读自悟:这是一座怎样的花园?

(2) 找出文中描写花园美丽的句子,精读质疑,合作探究。

①出示动画,感受花园四季不同的美。

②出示课文句子"春天鲜花盛开,夏天绿树成阴,秋天鲜果飘香,冬天白雪一片"。

探究一:这句话是按什么顺序写的?

探究二:我们还学过哪些描写景物的方式?

③通过个性化的朗读,引导学生观察发现,分析句子的结构。

(3)小练笔:用不同的修辞手法描写春夏秋冬四个季节的场景。

春天鲜花盛开。桃花_____,牵牛花_____,蒲公英_____……	夏天绿树成阴。_____
秋天鲜果飘香。_____	冬天白雪一片。_____

(4)找出孩子们快乐玩耍的句子帮助学生理解"洋溢"一词的意思,学着用"洋溢"说一句话。

设计意图:四年级的学生应注重"段"的写作训练,这一环节设计"小练笔",就是要让学生学会围绕一个中心句,把景物写详细具体,并做到文从字顺。我先出示四个季节带空白的段落,让学生自由选择自己感兴趣、想说和会说的一个季节进行描述,有意识地引导学生用比喻、拟人、排比等手法描述四季花园的美景。最后告诉学生,把这四个小练笔按顺序排列,加上开头和结尾,就可以形成一篇写景的文章了。"授人以鱼,不如授人以渔",这样既揭示了写景文章的结构,又渗透了写作修辞手法的运用,还可以让学生更深刻地想象到花园的美丽,可谓一举三得。

三、精读故事

(1)一边默读3至8自然段,一边用笔画出描写巨人行为、语言的句子。

(2)指名让不同性格的学生读巨人三次"叱责"的话,引导学生提出不明白的问题。

问题预设:

①低沉缓慢,一字一句地读"滚出去",算不算发怒?高声怒吼,面露狰狞地读,是发怒吗?

②生成的问题:还可以怎样读?

(3)想象说话:孩子们吓坏了,纷纷逃散,边跑边喊:"_____"

(4)情景演读,与文本对话。

设计意图：质疑是创新思维的开始。阅读的过程是一个复杂的心智过程，包括发现、质疑、思考和探究。学生在音乐声中闭眼想象花园美景，想象巨人叱责孩子时的样子，想象孩子们惊慌失措的样子，可以让学生以多种智能来进行学习。一个语文教师如果在阅读教学中能恰到好处地设问质疑，就能促进学生积极动脑思考，迸发求知欲，使学生的思维活动从已知导向未知，达到释疑、解惑的目的，实现知识的迁移和能力的飞跃。

语文课堂的语文味要通过朗读、品悟语言文字表现出来。语言不是无情物，通过品悟巨人的语言，能够让学生更好地理解文本，升华情感。通过朗读、表演、想象，将静态的文字转化为动态的场景，更能激发学生的学习兴趣。

四、点拨梳理

（1）看动画视频，了解花园的变化。

质疑一：孩子们一走，花园里发生了什么变化呢？

质疑二：此时是什么季节？围墙外的村子是怎样的景象？

质疑三：花园为什么会有这么大的变化呢？

（2）读9至10自然段，思考：巨人明白了什么？

（3）生成的问题：

交流一：小男孩会说话的眼睛到底会说些什么呢？居然让巨人的心里感到火辣辣的。

交流二：巨人看到这样的眼神，为什么心里感到火辣辣的？

（4）出示春暖花开、冰雪融化的视频，让学生感受花园的又一次变化。提问：巨人明白了什么？

（5）齐读文章最后一个自然段，感受巨人的变化。

（6）小结：每一篇童话都会给我们带来不同的感动，课后，我们还可以去看更多的童话故事，去讲、去演、去编更多的童话，尽情地体验童话带给我们的快乐！谢谢同学们这么投入地学习，你们让我明白了：没有你们，我们的课堂就没有春天。

设计意图：俗话说"编筐编篓全在收尾"。在课的最后，用这段激情洋溢的话来激励学生多看、多讲、多演、多编童话故事，尽情感受学习语文的乐趣。

【教学反思】

语文课程标准把培养学生兴趣作为小学中年级阅读教学的一项重要任务。童话以其优美的语言、动人的故事情节深受学生的喜爱,也正是因为学生对童话的学习积极性很高,如何让学生感受童话带来快乐的同时,能更深入地理解童话以及其蕴含的道理,显得尤为重要。

学习《巨人的花园》一文,我从展示美丽神奇的花园入手,先通过动画、音乐让学生从中深刻地感受到花园的美丽,再引导学生想象巨人发火时的神态、动作,让学生从"生气、训斥、叱责"中感受到巨人的冷酷自私,然后以"孩子们一走,花园里发生了什么变化"来提问,让学生思索原因,最后揭示巨人终于明白的道理。如此一来,就使得学生随着童话中孩子们的欢笑声一起进入这美丽的花园。

在整个教学过程中,我紧紧抓住花园景色的变化与巨人的表现两条主线引导学生理解感悟童话所揭示的道理,再回过头来引导学生发现童话语言的特点,让学生体会到童话可以带领我们去现实中不可能到达的地方、体会生活中不可能发生的事情,让学生从中进一步感受到童话的无穷魅力。

课堂教学是动态的、生成的,教师要重视学生的个性化感悟、尊重学生的学习意愿,引导学生自读自悟、合作交流,关注课堂教学生成,敢于让学生自主学习。作为四年级的学生,读懂童话已经不是什么困难的事了,所以教师指导阅读的关注点,就不能只停留在对内容的理解上,而更应该去欣赏语言、欣赏童话的表达方式,并把它渗透到写作教学中去。

(执教:刘燕 指导:蔡隽)

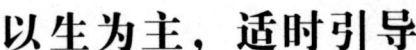

以生为主，适时引导

——《少年闰土》教学设计及教学反思

【教学目标】

（1）能正确、流利、有感情地朗读课文，能背诵第1自然段。

（2）感受少年闰土这一人物形象，了解闰土是个聪明能干、机智勇敢、见多识广的农村少年，理解作者对闰土的特殊感情。

（3）理解含义深刻的句子。

（4）学习作者抓住人物的言行、外貌概括人物特点的写作方法。

【教学重难点】

感受少年闰土这一人物形象，了解闰土是个聪明能干、机智勇敢、见多识广的农村少年，理解含义深刻的句子。

【教学过程】

一、交流资料，导入新课

（学生交流课前收集的有关鲁迅的资料。）

师：他时常穿一件朴素的中式长衫，以笔为武器，战斗了一生，被誉为"民族魂"。毛泽东评价他是伟大的文学家、思想家和革命家。他是中国文化革命的主将，猜一猜他是谁？（鲁迅）

二、创设情境，初步感悟

师：我们认识了鲁迅，今天还要认识一位活泼可爱的海边农村少年闰土，他是这样一个孩子——课件出示课文插图和描写闰土外貌的相关文字："紫色的圆脸，头戴一顶小毡帽，颈上套一个明晃晃的银项圈，这可见他的父亲十分爱他，怕他死去，所以在神佛面前许下愿心，用圈子将他套住了。他见人很怕羞，只是不怕我，没有旁人的时候，便和我说话，于是不到半日，我们便熟识了。"

（让学生欣赏插图，自读这段话，并思考：从这些描写中，闰土给你留下了怎样的印象？初步感受闰土的朴实天真、可爱、害羞。）

师：是啊，这是一个很讨人喜欢的海边少年，课文中的"我"十分喜欢闰土，是因为什么呢？

生：闰土的心里有无穷无尽的"希奇的事"，都是"我"往常的朋友所不知道的。

（生读句子并理解"希奇"一词，弄清"我"和"我"往常的朋友指那些生活在高墙大院内的少爷。）

三、自主学习，交流展示

师："闰土的心里有无穷无尽的希奇的事"，课文中讲了哪几件？请同学们默读课文，边读边找，并在相关的段落上做记号。

（生默读课文并交流，师引导归纳并相机完成板书。）

师：同学们，在这几件事中，你对哪件事比较感兴趣？请选择一件你最感兴趣的事情好好品读，要抓住重点词句来品味人物的语言、动作，体会人物的性格特点。

（生用自己喜欢的方式品读课文。）

四、小组合作，深入探究

师：请同学们把你刚才品读时的感受在小组内交流分享。

（小组分享品读感受，教师参与其中了解学生的学习情况。）

师：刚才同学们在小组内分享了自己的学习收获，现在我们全班一起来交流探讨一下。请说出课文中你最感兴趣的那件事，然后有声有色地朗读相关段落，并谈谈你的感悟。

（生自由发言，师重点引导"雪地捕鸟"和"看瓜刺猹"两件事。）

师：作者在描写"雪地捕鸟"时抓住了闰土的一系列动作：扫、支、撒、拉，你们觉得雪地捕鸟好玩吗？想亲自体验一次吗？老师今天给大家带来了一套捕鸟的工具，谁想来试一试？

（师拿出课前准备好的模拟实物：小竹匾、一根系着绳子的短棒；生兴趣十分浓厚，纷纷上台演示。）

师：同学们，这次捕鸟的收获大吗？请结合"什么都有：稻鸡，角鸡，鹁鸪，蓝背……"这句话回答。另外，从这件事中你感受到了什么？

（生体会闰土的聪明能干，一边回答一边完成板书。）

师：同学们，"雪地捕鸟"十分有趣，"看瓜刺猹"却充满了惊险刺激。你们见过猹吗？它是一种什么动物？闰土为什么要刺它呢？

（抓住句子"我那时并不知道这所谓猹的是怎么一件东西——便是现在也没有知道——只是无端地觉得状如小狗而很凶猛。""要管的是獾猪，刺猬，猹。月亮地下，你听，啦啦地响了，猹在咬瓜了。你便捏了胡叉，轻轻地走去……"体会猹的凶猛、刺猹的惊险。）

师：它不咬人吗？（书上没有直接回答，这里引导学生补白）

生：当然咬人，但"我"不怕。有胡叉呢。走到了，看见猹了，你便刺。这畜生很伶俐，倒向你奔来，反从胯下窜了。它的皮毛是油一般的滑……

（通过补白，让学生体会闰土的勇敢。）

师：猹容易对付吗？

（引导学生抓住课文中"这畜生很伶俐，倒向你奔来，反从胯下窜了。它的皮毛是油一般的滑……"这句中的"伶俐""油一般的滑"等词句体会猹的敏捷。）

师：猹的动作十分快，但闰土比它更快，从中你又感受到了什么？

（生再一次体会闰土的机智勇敢，并完成板书。）

师：同学们，"看瓜刺猹"这件事最惊险、最刺激的，是让"我"印象最深刻的一件事，虽然三十多年过去了，每当"我"回忆往事，却仿佛那一幕幕才刚刚经历，"我"眼前又会浮现这样的情景。（课件出示课文的第1自然段，学生自读，边读边思考：这是一幅怎样的画面？让学生再一次感受画面的美以及刺猹的惊险、闰土的机智勇敢）

（在此基础上配乐朗读第1自然段。）

师生总结学法，学生们以小组为单位自学"海边拾贝"和"看跳鱼儿"两件事，体会闰土的见多识广。（生相机完成板书）

五、自主归纳，升华主题

师：同学们，请看黑板，你们今天的学习收获真大，通过刚才的学习我们知道了闰土是个这样的孩子——（师归纳刚才生完成的板书）他聪明能干、机智勇敢、见多识广。

师：闰土做这些事的时候，"我"和"我"往常的朋友在干什么呢？

(引导生对比闰土和"我"的生活。生结合"我"当时的身份展开想象——关在深墙大院内读书,过着饭来张口、衣来伸手的少爷生活。)

师:闰土的生活是什么样的?"我"和"我"往常的朋友的生活是什么样的?

(生归纳:闰土的生活丰富多彩,他见多识广;"我"和"我"往常的朋友生活枯燥乏味,"我们"像井底之蛙,孤陋寡闻。课件出示课文第16自然段,生齐读这段话,在此基础上学生理解"四角的天空"已经水到渠成。)

师:同学们,你们向往谁的生活?"我"和"我"往常的朋友向往谁的生活?

六、拓展延伸

(1)小练笔:仔细观察一个人,用描写人物的一些基本方法写一个小片段。

(2)课后阅读小说《故乡》和鲁迅的一些其他作品。

【教学反思】

在本节课的教学中,我首先围绕"'闰土的心里有无穷无尽的希奇的事',课文中讲了哪几件"这一问题展开教学,通过初读,学生很容易就找出文中所讲的几件事了,解决了这一问题也就理清了文章的思路。然后,我让学生选择自己最感兴趣的一件事进行品读,一边读一边体会人物的性格特点,这样不仅大大激发了学生的学习兴趣,使学生变被动学习为主动学习,还更大限度地发展了学生的思维,使他们能潜下心来好好与文本对话。

品读完课文之后,我安排学生先在小组内交流分享——因为每个人对文本的理解不一定相同,我们应该充分尊重学生的个体差异,这也是为全班交流做准备。在全班交流时,我重点引导学生品读了"雪地捕鸟"和"看瓜刺猹"两件事。因现在的学生对"雪地捕鸟"这样的事比较陌生,所以,在交流"雪地捕鸟"内容时,在学生抓住一系列动词体会闰土聪明能干的基础上,我适时拿出课前准备好的捕鸟工具(实物短棒和竹匾),让学生们亲自体验其中的快乐,这使他们兴趣盎然。同时,我抓住"什么都有:稻鸡,角鸡,鹁鸪,蓝背……"一句中的省略号,引导学生体会闰

土的捕鸟收获之大，进一步感受他的聪明能干。对于"看瓜刺猹"这件事，我采取了让学生补白的方式来理解，提出"它不咬人吗"的问题引导学生补白"当然咬人，但我不怕……"，等等。通过补白，让学生体会闰土的勇敢机智。同时，在学习这部分内容时，我还结合课文的第1自然段进行教学，并指导学生朗读。

总之，在整堂课上，我始终以学生为主，注重凸显学生的主体地位，并做适时的引导，学生在课上的表现也十分精彩，思维的火花一次又一次地闪现。但这堂课也存在着些许遗憾，如对学生的朗读没有完全指导到位，课堂还需要更多开放的空间等，对此，我今后还要加强研究，让自己的课堂教学更为成熟。

（执教：宋丽　指导：蔡隽）

生成资源，鼓励创新

——《识字2》教学设计及教学反思

【教学目标】

（1）认识"懂、貌"等14个生字，会写"洗、认"等6个字。

（2）初步理解教学内容，懂得爱长辈、爱家庭。

（3）有尊重长辈、孝敬父母的愿望和行动。

【教学重难点】

（1）按要求会认、会写本课的生字。

（2）感受《三字经》的特点，大致理解其内容。

（3）有尊重长辈、孝敬父母的愿望和行动。

【教学过程】

一、前置性学习

（1）课前收集《孔融让梨》《黄香温席》之类的小故事。

（2）指导学生背诵《三字经》的片段。

二、情境导入

（让学生拿出全家福照片，互相介绍自己的家庭成员。）

（1）同学们，你们感觉自己的家庭幸福吗？（幸福）温暖吗？（温暖）

（2）谁愿意给大家介绍一下你幸福、温暖的家庭呢？（学生根据自己的实际情况谈一谈）

（3）播放歌曲《我爱我家》，师生自主表演，表达情感。

（4）师揭题：我们都有幸福的家，我们爱自己的家，爱爸爸妈妈，爱家里的每一个人。

（5）交代识字活动背景：以动漫人物"大头儿子"一整天的学习生活为主线，进行识字教学。

设计意图：《识字2》将识字、写字教学与爱长辈、爱家庭的教育融为一体，并赋予爱的教育以新的内涵。新课伊始，我从谈"家"入手，激发学生爱家的情感,引起他们的心灵共鸣,再播放歌曲《我爱我家》,让学生载歌载舞,把这种情感进一步升华,营造宽松、和谐、愉悦的课堂氛围。紧接着,再进行识字教学。

三、探究识字

(1) 课件出示:早上,大头儿子起床,洗漱完,跟父母说再见后,背着书包上学校,遇到老师,他连忙上前敬了个队礼说:"老师早。"

师:你觉得他是个怎样的孩子?

生:我觉得他非常懂礼貌,出门时能他跟父母说再见,见到老师也能马上问好。

生:我觉得我们要向大头儿子学习,做个懂礼貌的好孩子。

(课件出示需要认识的字或拼音,师生认读生字"懂、貌"等。)

(2) 继续播放课件:跟老师问过好后,大头儿子上课聚精会神地听讲、写字,老师夸他:"写得真好!"

① 说话训练:(时间)谁在什么地方干什么?结果怎样?

② 行为训练:大头儿子爱学习,得到了老师的夸奖,你们今天的学习劲头也很足,老师送你们两个字:rèn zhēn(认真)。

③ 学生识记后,用"认真"说一句话。

④ 讨论:怎样做才是一个认真的孩子?

(3) (继续播放课件:大头儿子经过一天的学习,回到家里和父母一起吃过晚饭,主动承担洗碗筷、扫庭院的家务。教师出示如下字、拼音)。

fu　mu　 xi wan kuai sao ting yuan
父　母　洗 碗 筷 扫 庭 院

① 认读生字"父""母""洗""碗""筷""扫"等字,师生共同正音。

② 多种形式识记:指名读,"开火车"读,小组读,男女生比赛读。

(4) 课件出示:大头儿子由于表现优异,得到了大家的夸奖。

(5) 梳理总结。

① 小组讨论交流,采用多种方法识字。

② 教师出示生字卡片采用闯关的方式让学生认读,检测学生对生字的掌握情况。

③ 用给字找朋友的方式让学生为这些字组词,帮助学生理解字意。

④ 师生互动,共同交流识记方法。

设计意图:引导学生读准字音,识记字形,是低年级识字课教学的重点,而本课更需要渗透学生行为教育和德育,这是本课教学的难点。如何突破这些重难点呢?以上设计的基本意图是改变传统的"教师死教硬灌,学生被动学习"的局面,引导学生进行合作式、探究式、创造式的学习,将枯燥乏味的识字教学,创设为学生曾亲身经历和感受的熟悉的生活场景,让识字教育和德育双管齐下,达到事半功倍的效果,很好地体现了我校"有效教学"理念。

四、理解感悟

(一)初读自悟

(1)教师范读韵文,部分学生跟着轻声念。

(2)学生自由练读。

(3)找出比较难读的字和句子,师生共同正音。

(4)再读课文,读通句子。

设计意图:新课程理念指导下,课堂教学提倡"以学定教",针对学生的朗读情况,及时提供帮助,及时正音,体现出教师是学生学习的组织者、促进者、引导者。

(5)师生对读。(师读:"小朋友——"生接读:"正年少——")

(6)同桌对读——小组对读。(感受三字韵文的韵律美)

(7)师:你还想怎么去读?和你的学习伙伴商量商量。

(学生有的拍手读,有的动作表演读,个个都兴高采烈。)

设计意图:教学时激发学生的兴趣,会达到事半功倍的效果。这篇韵文节奏感强,读起来朗朗上口,学生一听老师的范读,就会喜欢上它。我抓住这个契机,采用多种朗读形式,让学生读通读熟课文。

(二)精读感悟

(1)你从这篇韵文里读懂了什么?谈谈自己的感受。

(2)讨论交流:平时你都帮爸爸妈妈做过哪些家务?

(3)默读课文,试着提出不明白的问题。

问题预设:

(1)什么叫"长辈"呢?

（2）"态度好"是什么意思呢？

（3）长辈做错了事情的时候，我们应该有礼貌地提醒。长辈们也有犯错误的时候，他们做错了，你会怎么提醒呢？

生成的问题：

① _____
② _____
③ _____

（引导学生感受和理解课文内容和《三字经》的特点。）

设计意图：教育心理学研究表明，学生对所学内容感到好奇时，最能诱发学习的内驱力，激起求知、探究、操作等学习意愿。因此在课堂上，我提供给学生质疑的空间，让他们发现问题，说出不懂的地方，培养学生敏锐的洞察力，使学生养成善于发现问题的习惯。从发现问题到探索问题，充分发挥了学生的主体性，也激发了学生的学习积极性。

（三）快乐书写

（1）引导学生观察"洗、扫、认、真、父、母"这六个字有什么特点，并说说书写时要注意什么。（分析要领的同时，培养学生的观察、归纳能力）

（2）教师在田字格中示范，让学生看清楚笔画的位置。

（3）学生进行书写练习，教师巡回指导。（教师以肯定优点为主，适当指出不足）

（四）拓展延伸

（1）每天帮父母做一件事。

（2）将自己的实际行动在父母的协助下以儿歌、三字经、顺口溜等形式编出来，一周后在班内交流。

【教学反思】

新课程改革下，我们的语文课堂教学不再是传统的"灌输式"教学，而是充满活力的、不断生成的、开放式的教学。怎样才能使我们的语文课堂充满活力呢？从《识字2》这一课的教学过程可以看到，我努力营造良好的课堂氛围，激励学生主动质疑，善于点燃学生创造性思维的火花，使学生的思维始终处于活跃状态，从而使整堂课充满着生命的活力。

一、激活学生的思维，鼓励创新

首先，我运用激励性的语言，努力营造宽松、和谐、愉悦的课堂学习氛围，让学生敢读、敢说、敢问、敢答。有了这样的一种学习氛围，学生才会大胆地想、尽情地说，不断地进行创造性学习。

其次，教师少问，鼓励学生多问。课堂上，让学生多问，往往会有意想不到的效果。在本课教学中，我的提问精而少，注重引导学生去质疑，让他们学会提问，从而有针对性地进行教学。虽然一年级学生的年龄小，但是他们的好奇心却很强，最爱问"为什么"。在大致理解课文内容后，我又提供给学生质疑的空间，让他们说说还有哪些不懂的地方。学生提的问题涉及对词语的理解的比较多，这正反映了他们的真实学习情况。

最后，要善于发现学生创造性思维的火花。在平时的教学工作中，我们不难发现，学生的思维是最不受束缚的、最活跃的。他们的脑子里装着许许多多奇异的念头，只要教师善于点燃与激活，他们就会展开想象的翅膀，尽情翱翔！

二、用活教材，不断生成课程资源

《识字2》是一篇识字课文，它是以识字、写字教学为重点。但由于本篇课文思想教育意义较强，所以我充分利用教材，让学生在熟读的基础上自己感悟。学生在理解感悟的过程中自行发现、自主质疑、自行建构了文本的意义，这就是课堂教学不断生成的课程资源。在我的悉心引导下，生成的课程资源被充分利用起来。

教师在教学中应该努力挖掘教材中的创新点，不失时机地培养学生的创新能力。在本课教学中，这个创新点是由学生自己挖掘出来的。

"在儿童心灵深处，都有一种根深蒂固的需要，那就是希望自己是一个发现者、研究者、探索者。"语文学习不应该仅仅是让学生读和背，更重要的是鼓励学生不断创新，不断生成新的课程资源，这样我们的课堂才有生机，才有活力！

（执教：刘燕　指导：蔡隽）

自主质疑，深入探究

——《蝙蝠和雷达》教学设计及教学反思

【教学目标】

（1）懂得课文中总起句的作用，学习先提出问题再逐步解决问题的写作方法。

（2）练习给课文分段，归纳段落大意。

（3）了解飞机夜间能够安全飞行是人们从蝙蝠身上得到了启示，发明了雷达；养成平时注意观察的习惯，并从观察中得到启示；激发从小爱科学的兴趣。

【教学重难点】

（1）理解飞机夜间安全飞行与蝙蝠探路之间的联系。

（2）激发热爱科学、乐于观察和探究的兴趣。

【教学过程】

一、谈话导入，发现问题

师：同学们，今天我们继续学习这篇非常有趣的课文——《蝙蝠和雷达》。通过昨天的学习，你知道课文的主要内容了吗？哪位同学来概括一下？（学生发言）

师：科学家可真厉害呀，竟然可以从蝙蝠身上得到启示，发明了雷达。他们从平凡的小事中得到启示，从而发明一些科技产品。我们也要像科学家一样学会思考，善于质疑。那么，你们思考到了些什么，发现了哪些问题？请同学以小组为单位展开讨论。（小组交流）

生：蝙蝠夜间是怎样飞行的，它到底有怎样的特殊本领呢？

生：蝙蝠夜间飞行的秘密是什么？科学家们是通过哪些试验发现的？

生：雷达是怎样工作的？

生：蝙蝠和雷达之间到底有什么联系？

师：同学们很会思考，很厉害，一下子提了这么多问题。而科学家不仅有一双善于发现的眼睛，发现一些问题，更拥有智慧的大脑以想办法去

解决它、利用它。老师总结概括了一下，科学家发现并解决的问题主要有这几个方面。（出示课件，略）

二、探究学习，解决问题

（一）学习课文第3至7自然段

师：请同学们自由地朗读第3～7自然段，思考一下，蝙蝠能夜间飞行，它有怎样的特殊本领呢？科学家们做了哪些试验发现了它们夜间飞行的秘密？相信大家只要认真读，一定会找到答案的。

（学生自由读课文。）

师：蝙蝠在夜间是怎样飞行的？它到底有怎样的特殊本领？如果让你从文中找一个词来概括蝙蝠夜间飞行的特点，你会选择哪个？

生：灵巧。

师：你是从哪些语句中知道的？总结一下吧！

生：蝙蝠是在夜里飞行的，还能捕捉飞蛾和蚊子；而且无论怎么飞，从来没见过它跟什么东西相撞，即使一根极细的电线，它也能灵巧地避开。

师：是啊，蝙蝠飞得多灵巧啊！谁能通过朗读把它的灵巧给表现出来？

（指名范读；评价；全班齐读。）

（二）小组合作，解密科学家的试验

师：蝙蝠真是太厉害了，什么都挡不住它。难道它的眼睛特别敏锐，能在漆黑的夜里看清楚所有的东西吗？科学家是怎样揭开这个秘密的？

生：通过试验。

师：科学家是怎么试验的呢？下面我们来探讨一下。

（1）小组合作学习第4、5、6自然段。先小组内读第4、5、6自然段，然后讨论完成试验报告单。

试验顺序	试验方法	试验结果	试验结论
第一次试验			
第二次试验			
第三次试验			

（2）指名学生汇报：科学家做了几次试验？分别是怎么做的？结果怎么样？得出了什么结论？

（3）以让学生当小解说员的方式检验学生是否把科学家的试验弄明白了。

（通过以上学习，学生自主总结：通过科学家的试验，我们明白了蝙蝠夜里飞行，靠的不是眼睛，而是用嘴巴和耳朵配合起来探路的。）

（4）学生齐读，教师对比读。

师："蝙蝠夜里飞行，靠的不是眼睛，它是用嘴和耳朵来探路的"和"蝙蝠夜里飞行，靠的不是眼睛，它是用嘴和耳朵配合起来来探路的"，表达效果有什么不同？

（5）探究蝙蝠飞行的秘密。

师：现在，我们明白了，蝙蝠不是火眼金睛，也不是有三只眼睛，而是用嘴和耳朵配合起来探路的。它们到底是怎样配合的呀？

（齐读第7自然段。学生回答，老师板书。）

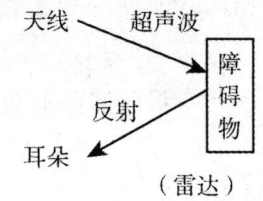

（雷达）
板书内容

师：哦，原来蝙蝠夜里飞行的秘密就是用嘴和耳朵配合，通过发出和接收超声波来飞行的。为了揭开这个秘密，科学家容易不容易呀？（不容易）科学家揭开这个秘密真的不容易，费了很多功夫。文中的哪个句子，让你体会到了这一点？

生："科学家经过反复研究，终于揭开了蝙蝠能在夜里飞行的秘密。"

师：从哪些词语中，我们最能体会到科学家的艰辛？（"反复""终于"）

（6）师生合作读。

师：为了揭开蝙蝠夜里飞行的秘密，科学家们白天——

生：在研究。

师：科学家们晚上——

生：在研究。

师：科学家们严冬——

生：在研究。

师：科学家们酷暑——

生：在研究。

师：科学家经过——

生：反复研究，终于揭开了蝙蝠能在夜里飞行的秘密。

师："反复"说明了什么？"终于"说明了什么？

生："反复"说明了科学家重复了很多次，走了很多弯路，经过很多次失败，锲而不舍才发现蝙蝠夜里飞行的秘密的；"终于"同样说明科学家历尽千辛万苦，才取得了成功。

（三）学习课文第8自然段

师：科学家们，克服了重重困难，做了无数次的试验，才发现了蝙蝠夜里飞行的秘密，并模仿它，发明了雷达，应用在飞机的夜间飞行上。那么，雷达是怎样探路的？

（学生默读第8自然段，教师指名学生说说雷达是怎样探路的。学生边说，老师边板书。）

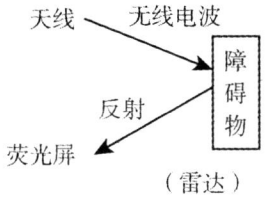

板书内容

师：对比两个示意图，我们可以得出蝙蝠和雷达的联系。雷达的天线就像是蝙蝠的——（嘴）雷达发出的无线电波就像蝙蝠发出的——（超声波）雷达的荧光屏就像蝙蝠的——（耳朵）

三、总结拓展，得到启示

师：科学家从蝙蝠身上得到启示，给飞机装上了雷达，保证了飞机夜间的安全飞行。这项研究告诉人们，研究生物可以对人类的创造发明有所启示。下面请同学们阅读一份资料，看看你从中知道了什么？

(出示课件"资料袋"。)

(1) 阅读资料,说一说:人们从( )身上得到启示,发明了( )。

(2) 介绍自己收集的有关仿生学的资料,按以下的句式说:人们从( )身上得到启示,发明了( )。

(3) 拓展延伸:说一说我从( )身上得到启示,想发明( )。

(4) 总结:同学们,你们知道的真多,真了不起。只要我们热爱科学,乐于观察,勇于探究,一定会有更多的发现和发明的。

四、推荐阅读

阅读《开心小博士——奇妙的仿生学》,并试着概括这本书的内容。

【教学反思】

《蝙蝠和雷达》是一篇很有趣的科普文,叙述思路清晰,内容逻辑性强,主要讲科学家为了揭开蝙蝠夜里飞行的秘密,经过反复试验和研究,证明了蝙蝠夜里是靠嘴和耳朵探路飞行的,飞机靠雷达在夜里飞行是从蝙蝠身上得到的启示。反思整个教学,有以下几个方面可圈可点。

一、渗透方法,迁移运用

语文学习方法指导的方式是影响学生掌握学习方法的重要外部因素,教师在教学过程中,应有较强的指导学生掌握学习方法的意识,有坚实的语文知识基础,能凭借教学内容,把指导学生学习知识与掌握学习方法统一在同一过程中,久而久之,学生就能掌握各种学习方法了。

本课的教学要求是阅读课文,抓住文章的主要内容,了解大自然给人类的启示。如果能引导学生把概括本文的主要内容的有效方法,运用到其他课内阅读或课外阅读中,就能让学生阅读的效率提高。我让学生仔细阅读完课文后,找出课文中既写了蝙蝠又写了雷达的句子,因为这些句子合起来正好概括了文章的主要内容。当学生找到后,我就让他们连起来说一说,并且告诉他们,有时候利用文章中的主要句子就能概括课文的主要内容,在以后的阅读中也可以试试。于是,我将《开心小博士——奇妙的仿生学》推荐给学生,让他们试着采用这种方法,概括这本书的内容,以使学生学以致用。

二、自主质疑,引发探究

学习贵在生疑,有疑才能有问,有问才能激发更强烈的探究欲望。课堂伊始，我适时提出问题，继而引导学生自主提出了一系列问题、自主阅读文本，为深层次探究蝙蝠和雷达之间的联系做好了铺垫。

三、活动体验，回归文本

课堂是学生进行实践活动的主要阵地，因此在小学语文课堂教学中开展好实践活动，对于密切书本知识与社会知识的联系，引导学生认识世界、发展个性、但培养兴趣和良好的学习习惯，有着积极的意义。小学生接受新鲜事物快，活泼好动是孩子的天性，容易遗忘又是孩子的缺点。要想让小学生牢固地记住学过的知识，就必须让他们主动参与学习，进行主动探索。

在课堂中，我设计了小组合作探究活动，让学生分组找出蝙蝠探路靠的是什么。在阅读了蝙蝠探路方法和雷达探路方法后，我又让学生用卡片在黑板上摆一摆整个过程，激发了学生阅读文章的兴趣，同时让他们在众人面前勇于展现自我。通过活动与体验，学生不仅牢固地掌握了知识，了解了蝙蝠和雷达的探路方法，更重要的是得到了全面、主动、和谐的发展。

（执教：彭聪明　指导：蔡隽）

第二章　自主创新，有效引领之 *教学篇*

多元创设,体验美好

——《和我们一样享受春天》教学设计及教学反思

【教学目标】

(1) 认识4个生字。

(2) 了解诗歌的结构,初步懂得诗歌的表现手法。

(3) 了解诗歌内容,理解诗句含义,懂得维护世界和平及制止战争是世界人民的共同愿望。

(4) 有感情地朗读诗歌,体会诗歌表达的感情。

【教学重难点】

(1) 理解诗句的含义,体会诗人表达的感情。

(2) 读出诗歌的节奏和韵律,学习创作诗歌。

【教学过程】

一、对话春天,感知美好

师:同学们,我们每天都要进行摘抄积累,今天老师想问一问大家,你们都积累了哪些描写春天的好词好句呢?老师也积累了几句,咱们一起来读读。(出示)

小草偷偷地从土里钻出来,嫩嫩的,绿绿的。园子里,田野里,瞧去,一大片一大片满是的。坐着,躺着,打两个滚,踢几脚球,赛几趟跑,捉几回迷藏。风轻悄悄的,草软绵绵的。

师:这是朱自清先生笔下的春天,多有趣呀!在这美好的季节里,你最想去干什么呢?(生发言)

师:看来同学们都很会享受春天呀。今天让我们一起来学习高洪波先生写的一首诗歌。

(带着享受的语气齐读课题《和我们一样享受春天》。)

二、自主学习,展示成果

师:请同学们分小组自主学习,完成以下学习任务。

（1）读准诗中的生字。

（2）把诗句读通顺、读流利。

（3）想一想，诗中的春天指的是哪些景象？

（学生分组交流展示。）

三、走进春天，体验美好

（1）出示学生交流的句子。

> 蔚蓝色的大海，是海鸥的乐园。
>
> 金黄色的沙漠，是蜥蜴和甲虫的天下。
>
> 蓝得发黑的夜空，属于星星和月亮。
>
> 绿茵茵的草地，滚动着欢乐的足球。

（2）指名读。

（3）出示画面。

师：优美的诗句简直就是一幅一幅美丽的图画，让我们一起来欣赏欣赏这些图画。

（学生谈感受，并进行个性化朗读。）

（4）学生创作诗歌。

师：这是作者心中的春天。发挥想象，说说你心中的春天又是怎样的？

（学生创作诗歌，并派两名学生代表在展台操作。）

> 春天是色彩斑斓的草地。
>
> 春天是昆虫们的乐园。
>
> 春天是郁郁葱葱的森林。
>
> 春天是鸟儿们的天堂。
>
> ……

（和着音乐，个别读、齐读。）

四、失去春天，产生震撼

师：老师从你们的朗读和创作中，感受到了春天带给我们的快乐、自由、幸福，但是如今，这一切却被无情地摧毁了，这究竟是发生了什么？

（出示：大自然被战争摧毁的图片。师指着图片引读。）

师：蔚蓝色的大海再也不是——

生：海鸥的乐园。

师：金黄色的沙漠再也不是——

生：蜥蜴和甲虫的天下。

师：蓝得发黑的夜空再也不属于——

生：星星和月亮。

师：绿茵茵的草地上再也不会——

生：滚动着欢乐的足球。

师：孩子们，这究竟是为什么？

（预设：战争摧毁了这一切。）

师：战争给人类带来的灾难仅仅是这些吗？通过课前的资料收集，你还了解了什么？

（学生展示资料。）

预设：学生围绕战争带给人类生命的摧残、物质财富的毁坏、环境污染、生态破坏展开交流。

（师出示战争给儿童带来伤害的图片。相机解说：战争不仅给自然界带来了种种灾难，还给儿童造成了极大的伤害。据联合国儿童基金会统计，自1990至2003年这十几年来，全球就有200多万儿童在战争中丧生，有600多万儿童身受重伤，有1200万儿童无家可归。）

师：听到这一串串惊人的数据，看到这一双双惊恐的眼睛，你想说点什么？

（学生谈感受。）

师：老师从你们凝重的表情上感受到了你们内心的不平静，带着这些感受咱们合作来读一读课文。

（师生合作读1至4节。）

师：作者一次又一次重复问"这究竟是为什么"，表达的仅仅是对战争的疑问吗？这分明是对战争的——

预设：厌恶、憎恨、控诉、谴责。

（生带着感受，个性化朗读。）

五、呼唤春天，祈盼和平

师：为了让动物不再失去家园，为了让孩子不再失去亲人，为了让大自然永远安宁祥和，为此，我们希望，我们祈盼——

（出示第5节，学生齐读，然后总结出自己的希望与祈盼。）

生：我们希望，我们祈盼，让战火中的孩子，和我们一样在鲜花中读书，和我们一样享受春天，和我们一样享受、希望、自由、快乐、和平。

六、祈盼春天，深知责任

师：1986年9月25日，世界各国的儿童代表齐聚美国纽约，共同签订了《儿童和平条约》。让我们全体起立，把右手放在心间，在爱的歌声中，一起宣读。

（出示《儿童和平条约》，背景音乐《让世界充满爱》。）

师：这就是我们祈盼的春天，这就是我们呼唤的春天。作为和平的使者，你们还希望战火中的孩子们拥有什么呢？拿起你们手中的笔，把你们的心愿写在心愿卡上吧！

（出示心愿卡内容：我们希望，我们祈盼_____。）

【教学反思】

《和我们一样享受春天》这首诗歌是以一个孩子的视角，揭示了战争给人类带来的种种不安宁，发出了对和平的呼唤。诗歌语言真挚、感情丰富，描绘了大自然的景物，更花大篇幅文字描写了战争给人们带来的灾难、孩子们对战争的强烈控诉以及对和平的深情呼唤。

这首诗歌的教学过程体现了以下特点。

一、"多元美"的创设，体验大自然的美好

积累中体验美。教学开始，我让学生交流平时积累的描写春天的好词好句，同时也向学生展示了朱自清描写春天的片段，接着问学生在这美好的季节里最想去干什么。学生畅所欲言，也充分感受到了春天的美好及自己生活的幸福，为后面的学习奠定了基础。

朗读中感受美。让"诗"凭着自己的言语存在说话，让学生直接贴在诗的面颊上感她的含义。我从"走进春天"开始，让学生朗读朱自清描写春天的片段，接着通过"走进春天"把学生带进诗歌的语句中，让学生边读边谈感受，引导他们多角度理解诗歌，以朗读的形式再现诗中所描绘的景象，体会大自然带来的快乐与自由，也为后面的创造性写作做了铺垫。

写作中创造美。孩子是天生的诗人，我在学生感受完大自然的美好之后问学生："这是作者心中的春天，你心中的春天又是怎样的呢？"通过想象，学生笔下一幅幅生动美丽的图画跃然纸上，春天的美、大自然的美在学生的心中静静地沉淀下来，幻化成深深的情感。

二、"美与丑"的融合，反衬战争的罪恶

强烈的反差，感受战争的残酷。当学生正沉浸在对美好事物的遐想中时，导弹轰炸的声音、孩子惊恐的眼神，一下子触动了他们的心灵。这样强烈的反差，使学生对失去美景、失去美好生活产生了痛惜之情。我让学生把这些情感融入朗读中，让他们充分感受到战争的残酷。

美与丑的对比，激发对战争的控诉。我通过连续四个"再也不是"的引读，将美景与战争的场面重现在学生面前。此时此刻，痛惜、伤感、愤恨、惋惜、难过，多样的情感，在学生的心间升腾。

"这究竟是为什么"的反复出现，再次重重地叩击着学生的心门，也激起了学生心中控诉的情感。"是战争！""是无知的人们！""是那些为了自己的私欲，想霸占整个世界的人。"……学生的情感升华到了一个新的高度。

三、"多层面"的碰撞，抒发对和平的祈盼

通过战争资料的展示，又一次使学生产生了震撼，也让学生对和平的祈盼越发强烈。诗歌最后一节的朗读，以及课外资源《儿童和平条约》的阅读，使学生原有的这种祈盼，升华为了他们呼唤和平、保卫和平的实际行动和公民责任感。

（执教：张唐娇　指导：蔡隽）

班会引领，诚信同行

——绣林小学"养成教育"主题班会课

【活动目标】

(1) 知道诚实守信的基本含义．懂得诚实守信是中华民族的传统美德，明白现代社会更需要诚实守信。

(2) 愿意做诚实守信的人，杜绝虚假和不守信用的行为。

(3) 通过此次班会，纠正错误行为，做一个诚信的小公民。

【活动过程】

一、情境导入

师：我最近遇到了一件烦心事，说给你们听听吧。

师：（出示新鲜水果的图片）看到这么新鲜的水果，你想吃吗？我也特别想吃。于是，我毫不犹豫地网购了一些，可是，收到的却是这样的水果（出示品质不好的水果图片），我被不诚信的商家骗了。遇到这种事情，你会怎么想？同学们，今天咱们就"诚信"这个话题展开一次班会活动，来，有请两位主持人上场。

二、诠释诚信

主持人1：敬爱的老师，亲爱的同学们，欢迎大家参加我们六年级（4）班的主题班会。

主持人2：我们今天的班会主题是"诚信与我们同行"。

主持人1：我们天天说要讲诚信，讲诚信，那诚信究竟是什么呢？请大家说说，诚信究竟是什么呀？（指名说）

主持人2：是啊，"诚"就是忠诚老实，实事求是，"信"就是言而有信，信守承诺。

三、畅谈诚信

主持人1：同学们，接下来让我们以组为单位，拿出学具，来分组收集一些有关诚信的资料。（将资料中的内容梗概写在树叶卡片上，并贴在白板上）

（1）诚信故事（古时候的、身边的、自己身上的）。

（2）诚信名言警句。

（3）国外的诚信故事。

（4）商业方面的诚信故事。

（师由此小结课前提到的网购受骗现象。）

四、讨论失信

主持人2：同学们，你有空还可以到网上去搜索一些诚信的故事、事迹来看。

主持人1：这些诚信的故事告诉我们，只有拥有诚信，才能赢得信任，这样人生才可能最终走向成功！

主持人2：但是，生活中还有很多不讲诚信的事例，接下来请大家看一组图片。

（1）三聚氰胺被掺杂在食品中，在检测时可以提升食品的蛋白质含量指标。但是，这种物质长期被人体摄入，会对人的身体造成巨大的损害，甚至导致死亡。

（2）这是零食辣条和它的制作场所。

（3）地沟油，原本是城市下水道里流淌的垃圾，商家们却对其进行加工，使它摇身一变，成了餐桌上的"食用油"。

（4）为未成熟果蔬注射催红素、生产以转基因粮食为原料的食品等现象越来越普遍。

（5）2016年山东发生制造非法疫苗案，据说有200万支"问题疫苗"流入24个省市。这批问题疫苗在运输过程中根本没有冷链储存。当时，这些问题疫苗已经全部流入市场中，一旦被接种到孩子身上，后果将不堪设想。

师：这些图片触目惊心，这些事件令人发指！生命在这些商家眼中一钱不值，如此卑微。我们面对那些受害哭泣的人们，该做些什么呢？

主持人1：同学们，你们有什么感受呢？

（学生讨论对失信的看法。）

师：谢谢同学们！真心希望有一天，我们不再担心毒奶粉、不再害怕非法疫苗、不再畏惧地沟油、不再恐慌转基因！我相信，有了你、我、他的努力，那一天将不再遥远！

主持人1：谢谢老师。其实在我们身边也有不诚信的现象出现。现在，给大家个机会，把你们曾经做过的不诚信的事情或经历说一下。谁愿意跟大家交流一下呢？（有同学发言）

主持人2：还有没有想说的？（一学生说考试后，成绩较差不敢告诉家长，就骗家长）你能勇敢地说出来，好样的！也许还有些同学不敢当着大家的面说出来，这样吧，咱们可以选择跟好朋友说一说。

主持人1：大家交流得热火朝天，相信通过今天的活动，我们一定会对诚信有更深的了解，并受到教育。说诚信话，干诚信事，做诚信人，让诚信与我们同行！

五、表演诚信

主持人2：那我们就应该从现在开始，从自己的一言一行、一点一滴做起，把诚信融入我们的生活中。

主持人1：请大家将本小组对诚信的理解，通过表演的形式展示出来。

（1）诗朗诵。

（2）创作儿歌。

（3）书画（在树干上写"诚信"二字，与贴上的树叶组成一棵大树）。

（4）三句半（方言与普通话结合表演）。

六、总结宣誓

主持人2：感谢同学们，下面请王老师为我们的班会做总结。

师：同学们，咱们的班会让我想起"爱国、敬业、诚信、友善"的社会主义核心价值观，也让我明白了：一个拥有诚信的人，其生活才会充满阳光；一个拥有诚信的团队，其事业才会走向成功；一个拥有诚信的国家，其地位才会得到提升。让诚信成为我们生活处事的原则，让我们从我做起，从小事做起，养成诚信的好品质！唯有人人坚守诚信，这棵诚信之树才会枝繁叶茂！

主持人1：感谢王老师！同学们，全体起立，让我们一起右手握拳，来庄严宣誓：我郑重承诺，我要做诚信公民，以诚待人、以信立身，说诚信话、做诚信事、当诚信人。在家，做诚信的孩子；在校，做诚信的学生；在社会上，做诚信的公民！

（执教：王芳　指导：蔡隽）

第三章
自主创新,有效引领

之研究与支撑基础篇

秀雅文化，生命出彩

——基于"生命出彩"的"秀雅"学校文化

学校文化是一所学校的灵魂，是学校立校、兴校之本。绣林小学地处石首市钟灵毓秀的绣林山南麓，坐落在人杰地灵、风景秀丽的江南古镇绣林。荆楚自古是文化繁荣之地，更是三国文化荟萃之地，据说当年刘备携夫人到此，留下了绣林亭，绣林因此而得名。历经百年风雨沧桑的绣林小学，也走过了数轮教育改革。面对课程改革的滚滚浪潮，学校掷地有声地提出了"文化立校，科研兴校"的口号，几代园丁，薪火相传，矢志耕耘；千万学子，笃学奋进，为绣林小学的发展积淀了深厚的文化底蕴。

在学校发展的关键时期，有关部门对学生核心素养的发展提出了明确要求，要求学校以科学性、时代性和民族性为基本原则，以培养"全面发展的人"为工作核心，把学生核心素养的发展分为文化基础、自主发展、社会参与三个方面，要求学生在人文底蕴、科学精神、学会学习、学会健康生活、责任担当、能实践创新等六大素养方面能够提高，这为我校课程改革以及探索校本化的核心素养指明了方向。百年绣林小学，因名而秀，因文而雅。学校循"秀"之道，启"雅"之门，确立"秀雅教育"办学主张，彰显"钟灵毓秀、秀外慧中、我行我秀"三大核心办学元素，旨在彰显历代绣林人秀外慧中的文化底色，传承独特厚重的荆楚文化传统。

学校以"以人为本，为学生个性发展蓄能，为学生生命出彩奠基"为办学理念，以"育阳光秀雅学生，创品牌特色学校，办人民满意教育"为办学目标，以"责任、用心、勤勉"为学校精神，以"勇往直前、做最优秀的自己"为师生发展理念，确定了以培养"外表优雅、内涵博雅、谈吐文雅、举止典雅、品味高雅"的"五雅"学生为核心的工作思路，营造了主题突出的"秀雅"校园文化氛围。

"鸿志、博学、秀雅、敏行"的校训在学校行政楼上熠熠生辉，像智

者，时时为绣林小学师生引路。

"求真、至善、立美"的校风像镜子，时时敦促绣林小学师生锻炼自己的意志，提升自己的气质、能力，加强自身人格修养，并警示教师通过自己的思想、言行、学识去影响学生、感染学生、塑造学生。

"乐学、善思、勤问、深究"的学风时时启迪学生去主动学习、主动探究、主动求知。

"尊重学生、关注生命、完善人格、追求崇高"的教风时时提醒教师们要尊重儿童，关注儿童的个体发展，激活儿童的生命活力，让儿童感受到学习的快乐与成长的愉悦。

踏进绣林小学，引人注目的不仅仅是校园雅致、优美的环境，浓浓的教育教改氛围，更是走廊里、教室里、办公室悬挂的警言——

"今日事，今日毕，莫待明日更着急。"

"相信你，你能行！"

"今天我为绣林小学而骄傲，明天绣林小学为我而自豪！"

"不学礼，无以立。"

"雅言雅行，我行我秀。"

……

良好的学校文化氛围，不仅能带给我们赏心悦目的感官享受，更能让师生得到心灵的润泽，它体现出了教育的真正价值，即教育的意义在于对人的生命的终极关怀。教育改革需要国际视野，更需要根植于学校文化乃至师生灵魂深处。绣林小学实施"秀雅"教育，全方位挖掘"秀雅"教育元素，探寻教育的真谛，让教育回归本真，为教育开启了一扇探寻奥秘的大门！

为儿童生活而教育，为生命价值而教学

——新课程背景下课堂教学的有效性研究

一、实验研究背景及问题的提出

1. 研究背景

21世纪是知识经济时代，是全球进一步开放、合作与竞争的时代，在时代和社会发生深刻变革的大背景中，我国教育发展进入了新的历史阶段。众所周知，实施素质教育是深化教育改革的主题，要求教育界及全社会必须紧紧抓住素质教育的核心，深化教育改革，为祖国和民族的未来培养高素质人才。《国家中长期教育改革和发展规划纲要（2010—2020年）》中明确提出，把"提高质量"作为我国未来十年教育改革发展的核心发展观，要求"建立以提高教育质量为导向的管理制度和工作机制，把教育资源配置和学校工作重点集中到强化教学环节、提高质量上来"。新的时代与社会要求，教育培养的人才应具有健全的价值观和负责的生活态度，具有创新意识和实践能力，具有社会责任感和生态伦理意识，能够与周围环境和谐相处。这些新的时代要求与传统教育思想的碰撞，加剧了教育的变革需求。如何以课堂为主阵地，实施有效教学，以推进素质教育？如何培养学生的创新精神与实践能力，以使得学生生动活泼、主动地发展？这些都成为所有教育工作者都面临的重要问题。

"十五"及"十一五"期间，在华中师范大学郭元祥教授等专家的指导下，在荆州市教科院等各级领导的引领与帮助下，绣林小学的领导和实验老师艰苦探索，积极开展了"新时代生活教育"课题实验。我们本着"为儿童生活而学，为儿童生活而教，为儿童生活而教育"的课题指导思想，以关注师生的生命价值与人生追求为课题实验宗旨，建立了"探究—体验"式的课堂教学策略，形成了以"关注生活，关注生命"为价值取向的"新时代生活教育"课堂教学模式；以陶行知的"生活即教育"为理念导向，开辟了"生活德育"实验园，让学生在生活实践中"体验—感悟—内化"，让学生在"玩"中悟道理，在"活动"中学做人，让德育活

动真正回归生活。另外，我们以"新时代生活教育"理念及叶澜教授的"动态生成"课堂教学理念为指导，探究出了"积淀底蕴—参与体验—总结提高"的研训结合的动态校本培训模式。

教育科研使我校课堂教学面貌发生了显著变化，教师的科研意识及科研能力逐步得到提高，其中郑爱枝、付金蓉、喻长玲、杨慧琼、瞿文杰、李倩、王芳、刘静涛、袁玉和、宋丽、李青凤等一批优秀教师，得以从教研活动中脱颖而出。我们欣喜地看到，一个有利于学生生动活泼、主动发展的宽松良好的教育环境正逐步形成。在不断推进"新时代生活教育"实验的同时，绣林小学也获得了进一步的发展。

时代的发展，社会的进步，教育的改革，为我校"十二五"课题研究提供了更为适宜的土壤。首先，处于时代潮流中的教育，在面临无数机遇和挑战中迎来了一个崭新的时代——课程改革时代。在这鼓舞人心的新的形势下，我校顺利通过了体制的转轨，升为市直学校，这些无不给绣林小学的发展注入了新的活力。抓住这一良好的发展契机，在新的时代背景下，绣林小学"十二五"课题实验将在总结"十一五"课题实验研究成果的基础上，一步一步向更深层的发展稳步迈进。

2. 问题的提出

要稳步推进课题实验，就必须把握住实验课题在新时代背景下的方向和重点，以"十一五"时期研究过程中呈现的问题以及"十二五"期间出现的新问题为基准，进行新的探索。

"十一五"期间，我们运用"新时代生活教育"理念，构建了"探究—体验"式的课堂教学模式，改变了原来以教师为主导的训导式教学方式，课堂上，学生自主学习、探究性学习的习惯已初步养成，但同时也留给我们一些值得深入探索的问题。如合作、探究的学习方式在课堂的组织与实施中，出现了合作学习浮于表面、为探究而提问的教学形式化的现象，导致课堂出现失控和低效等现象。如何解决这些问题，使教学过程能有效且顺利地完成，是新课题实验要解决的重要问题。

在我国全面实施新课程改革后，我们开始用理性的目光审视新课堂，发现课堂现状不容乐观。一方面，受传统课堂教学模式的深刻影响，目前仍有教师摆脱不了知识教学概念化、系统化的旧习，课堂教学打着"新课程理念"的幌子，却一直使用着接受式、灌输式的学习方式。可谓是"穿着新鞋，走老路"。另一方面，由于新课程呼唤教师必须真正树立以人为本的教学理念，从而导致越来越丰富、复杂的课堂现象出现。新课程观把课堂教学看成一个建构过程，而教育的真谛就是价值引导以及让学生形成自主建构能力，即课堂教学的实际意义是在教师的引导下，让学生自主建构知识和建构情感、态度、价值观，建构起自己的精神家园。因此，课堂上如何引导学生提出问题，充分发表自己的见解，对问题做多元解答，已成为新课程追求的新的课堂风景。当教师"以学定教、顺学而导"时，课堂中的生成现象给教师的知识、能力、视野带来了全方位的挑战。因而，教师们面对新课程理念，会显得茫然失措、无所适从，课堂中出现"无效劳动"的情况，也是在所难免的。

新课程的实施中孕育着美好的生机与希望，这理应是教师发展和学生成长的机会，但随着课改的深入，我们看到了一些反常现象：教师的课堂行为存在偏颇，学生学习习惯差，课堂氛围或过于压抑或过于热闹，课堂教学整体效益低，等等。为此，我们需要冷静地对待新课程改革，我们的学生需要在情感态度、文化知识、行为习惯、综合能力等方面得到和谐发展；我们的教师需要在新课程改革的大背景下，真正实现教学品质、教学技能及教育理论素养的全面提升。因此，我校以"新课程背景下课堂教学的有效性研究"为"十二五"研究课题，旨在探索新课程理念下怎样实施有效教学，并形成新课程背景下的课堂教学基本原则和模式，以推进新课程改革的实施进程。

二、研究的目的与意义

1. 课堂教学有效性研究是教师追求专业成长的需要

课堂教学是教师专业成长的主要载体。在课堂教学实践中，教师是最核心的因素，是课堂教学是否有效的关键。我们在探索课堂教学有效性的过程中，首先应通过大量的培训活动，让教师逐步建立起有效教学的理念，切实消除教师在课堂教学中劳动无效的现象；其次应通过实践引领教师围绕课题反思教育教学行为，寻求有效的教学方式与方法，最终冲破传统课堂教学观念的"樊篱"与新课程理念的"迷雾"，从而满足自身追求专业成长的需要。

2. 课堂教学有效性研究是学生健康成长的需要

研究课堂教学的有效性，旨在让教师遵循教学活动的客观规律，以良好的教学效果实现学生的发展目标，从而满足学生健康成长的需要。社会发展需要"学会学习、学会创新、学会生存"的具有良好思想道德品质和心理品质的复合型人才，而不是高分低能的"书呆子"。因此，有效的课堂教学应是师生之间和生生之间相互交往互动、共同发展的过程。我们通过对本课题的研究，让学生掌握有效的学习策略，养成良好的行为习惯，提高学习效率，提升各种学习能力，激发学习兴趣，促进自身智力因素和非智力因素的和谐发展，让学生健康快乐地成长。

3. 课堂教学有效性研究是学校可持续发展的需要

学校可持续发展的实质是学校内涵的提升和特色品牌的建立，其根基在于对课堂教学进行有效的追求。只有课堂呈现出高效状态，学校的各项事业才能稳步和谐地发展，学校才有可持续发展的动力和源泉。

4. 课堂教学有效性研究是研究教学理论与实践相结合的需要

新课程理念必须通过课堂实践才能得到落实。理论和实践如何有效结合？我们应对当前课堂教学中的各种现象和问题做深入研究和剖析。作为一线教师，需要注意以下内容：在新课程理念指导下积极探索现行课堂教学模式；把握教材特点和学生的认知规律，克服违背教育规律的做法；减少教学的随意性、盲目性，增强课堂教学的合理性、科学性；在提高课堂效率上下功夫，避免无效、低效甚至负效教学。

5. 课堂教学有效性研究是社会追求优质教育的需要

从"精英教育"到"大众教育"，以至到现行追求教育的均衡发展，这些现象无不体现了人们日益增长的对教育的需求与教育落后的现状之间的矛盾。而优质教育的根本标志在于对课堂教学状态的优化，在于创建起有效课堂教学。研究课堂教学的有效性，提高实施优质教育的能力，才能满足社会追求优质教育的需要。

三、研究的具体内容

根据前期对影响课堂教学的有效性因素的分析，我们把课堂教学理念与文化的重建作为开展本实验的突破口，以形成"关注生命、关注生活、高效减负"为价值取向的"快乐、高效"的课堂文化为立足点，重点探索

"四个优化""五种关系"。

"四个优化"包括如下内容。

一是优化备课策略。构建有效课堂的一个核心理念,是一切从学生的"学"出发,以"学"定"教"。优化集体备课方式,使导学案设计成为研究有效课堂的重要环节。因此,引导教师全面了解学生、正确解读教材、精心设计教案,让师生依据学情共同设计导学案,是本课题实验研究的前提。

二是优化师生关系。在"没有沟通就不可能有教学"的现代教学理念的指导下,重建人道的、和谐的、民主的、平等的师生关系,是新课程改革的一项重要任务。因此,我们倡导将"服务文化""微笑服务"根植于教师的课堂教学意识中,师生之间以微笑相对,相互关心爱护,让师生之间在课堂上能更多地体验到被人关注、被人爱护的温暖与幸福,为打造"快乐、高效"的课堂文化奠定融洽的人际关系基础。

三是优化教学策略。课堂教学是教学活动中的核心环节,课堂教学的效果直接关系到提高教学质量和人才培养目标的实现。因此,如何利用教学资源,合理有效地组织课堂教学,是本课题研究的重点。我们将根据课题指导思想,分学科、分年段确立不同的研究子课题,研究重点有课前预习策略、问题探究策略、综合性学习策略、课堂对话策略、教学资源优化策略、作业设计策略等。通过对以上教学策略的研究,使教师的课堂教学能因材施教、教学相长,使学生能得到和谐、主动、全面的发展,使课堂能焕发出新的活力。

四是优化课堂评价。我们以新课程标准为指导思想,以有效课堂理念为导向,从教学目标的达成以及学生的学习能力、交往能力、创新思维能力,学生课堂参与的程度、深度、广度等方面来研究有效课堂的评价标准。

"五种关系"包括如下内容。

一是教学中主体与主导的关系。教育家叶圣陶主张教师"自始即不必多讲",而应"致力于导"。教师之主导作用,体现在对学生的引导与启迪上,教师充当的是组织者与指导者的角色,通过激励与引导,使学生自奋其力、自致其知。

二是预设与生成的关系。研究在预设的总体架构正确的前提下的自然生成，为学生提供一个宽松自由的发展空间，达到解放学生身心、促进学生身心和谐发展的目的。

三是知识与能力的关系。"授人以鱼，不如授人以渔。"小学生正处于能力发展和习惯养成的关键期与最佳期。在课堂教学中，教师应密切联系学生生活，并与社会实践相结合，让学生在习得知识的同时，提高综合能力、掌握技能技巧，让学生的知识与能力在学习与实践中得到提高。

四是课内与课外的关系。陶行知认为"生活即教育""社会即课堂"。一切学习活动都需要以学生的生活经验、社会经验、知识经验为基础。因此，教师进行有效教学实验时应树立课外学习是课内学习的延续与深化的新观念，让课外学习成为课内学习的催化剂，成为学生深化与拓展学习的源泉。

五是关注当下与着眼未来的关系。教育是人类社会中唯一把昨天、今天、明天串在一起的时空隧道。新课程改革的本质是通过合理的教学手段和方法，让学生既能更好地适应今天，也能更好地走向明天。教育的本质在于"立人"，而人从本质上讲不仅仅要存在，还要超越，超越是生命的价值所在！为此，学校教育郑重提出"为明天准备民族素质"的口号，并通过现实的教育，唤醒每个生命个体的生命意识，激发每个教育主体的成长动力，使每个人都形成积极的生存观念，为适应未来社会的需要打下基础。

四、实验的基本原则

1. 低耗节能原则

学生及教师的时间和精力是有限的，既不能无限使用，更不能无限开发。美国当代教育心理学家卡罗尔在 20 世纪 60 年代提出了"学习程度"的一般公式：学习程度＝所花时间/所需时间。越来越多的研究证明，时间能影响学习的变量，而不是常量，所以课堂教学的有效性就要求大力缩减"所花时间"，用好所需时间。

2. 差异效益原则

在教学时，我们高度重视因学生差异所造成的问题。因为每个人在能力、性格、生活方式等方面各不相同，因此，我们不能用一个僵硬的公式去计算教学效率,也不能盲目地进行横向比较,只有教学效率在纵向比较时有提高,才是有效的,这就是"差异效益原则"。而差异效益原则要求教师要大力提高教学的针对性,要求教师在对学生的学习成绩检测和评估时实施必要的改革,照顾学生差异,强化考试的教育功能和促进功能。

3. 全面素质原则

课堂教学的有效性策略,不只要求关注学生的智力培养,更要求关注学生的心力培育,让学生"情知共健"的教学才是有效的教学。同时,还要求对学生实施全面的素质教育,使学生在"知""情""意""行"各方面都健康成长,德、智、体、美、劳能全面发展。

4. 师生共进原则

在提高学生学习效率的同时,也要关注教师的"成长效率"。在教师的主导作用和学生的主体作用的关系上,我们不能只关注二者的相互作用,还得重视它们各自的作用,既要让学生在教师的主导下更主动地学习,也要让教师在教学中提高自己的主导能力,从而达到师生共同进步的目的。

五、课题研究的相关术语及理论依据

(一)相关术语

"教学",是指教师引起、维持或促进学生行为的所有行为。

"有效教学",是指教师在一段时间的教学后,使学生获得具体的进步和发展的行为。

"有效的教学活动",是指教师遵循教学活动的客观规律,从教与学自身的属性揭示教学的内在规律,以尽可能少的时间、精力和物力的投入,取得尽可能多的教学效果,从而实现特定的教学目标所开展的活动(减轻学生过重的学业负担和心理负担,提高学习的科学有效性,促进学生的全面发展)。

"有效性",主要有三个方面的含义:有效果、有效率、有效益。有效果主要指考察活动结果和预期目标的吻合度是否达标;有效率则要求重点考虑活动结果与活动投入的比例关系;而有效益则是有效性的最高境界,

是指在保证效果和效率的基础上，实现整个系统的和谐、可持续发展。

"教学策略"，是指在教学过程中，教师为完成特定的教学目标，依据教学的主客观条件，特别是学生的实际，对所选用的教学顺序、教学活动程序、教学组织形式、教学方法和教学媒体等的总体考量。

"新课程理念下的教学有效性"，是指以人的发展为出发点，在高质量完成文化知识传承和基本技能训练任务的同时，实现学生道德品质、审美情趣、创新精神、实践能力等综合素质的全面提高，培养学生的学习兴趣、学习意识和自我教育能力，为学生的可持续发展打下坚实的基础。概括地说，有效教学就是在单位时间内完成的教学任务多、学生的学习兴趣浓，整个课堂能体现有效、高质、创新的特点。

（二）理论依据

"建构主义""教育教学过程最优化""多元智能""有效教学"和"最近发展区"等经典理论，是我们开展课堂教学有效性实践研究的主要理论依据。

1. 建构主义理论

以现代建构主义的视角看，学生的学习过程是其主动建构内部心理表征的过程，建构主义学者古宁汉认为，学习是建构内在的心理表征的过程，指的是学习者并不是把知识从外界搬到记忆中，而是以已有的经验为基础，通过与外界的相互作用来建构新的理解。当今的建构主义者更多地强调在具体情景中形成的非正式的经验的作用，提倡让学生具有主动选择、发现、思考、探究、应答、质疑的能力。新课程实施中的教学策略、教学方法研究，就是将这一先进的理论应用于教学改革的实践中去，充分发挥其指导意义。

2. 教育教学最优化理论

巴班斯基"教学教育过程最优化"的理论主要包括以下6个方面的内容：教学教育过程最优化的概念；教学教育过程最优化的理论基础；教学教育过程最优化的原则；实施教学教育过程最优化的程序；预防和克服学生成绩不良而采取的最优化教学措施；对优秀学生实施教学教育过程的最优化途径。该理论认为要达到教学最优化的目的，就必须分析学生状况和教学任务，明确教学内容，选择教学方式、方法，拟定教学进度，对教学结果加以测定和分析，等等。达到教育教学最优化的关键：一是分析教材中主要的和本质性的东西，确保学生能掌握这些内容；二是选择能有效地掌握所学内容、完成学习任务的教学方式、方法，进行有区别的教学。

3. 多元智能理论

1983年，美国哈佛大学心理学教授加德纳提出了关于智力的新理论——多元智能理论。他认为，人的多元智能包括这样八种：音乐智能、身体运动智能、数学逻辑智能、语言智能、空间智能、人际智能、自我认知智能、自然认知智能。除此之外，加德纳认为可能还存在其他的智能，如灵感、直觉、幽默感等，这就要求我们教师有一双慧眼去发现和挖掘学生的最佳潜能，使其身心能充分、和谐地发展。

4. 有效教学理论

该理论源于20世纪上半叶的西方教学科学化运动，有效教学理论的核心是教学的效益。它关注学生的进步或发展，关注教学效益，要求教师有时间与效益的观念；要求教师在教学中具备一种反思的意识，不断反思自己的日常教学行为；要求教师掌握有关的策略性知识，以便自己在面对具体的情境时能做出正确决策。课堂活动有效性教学策略、教学方法研究，就是在这一先进教学理论的指导下，研究具体的策略和方法，以提高课堂教学的效益。

5. 最近发展区理论

该理论由苏联心理学家维果茨基提出。维果茨基被尊为当代建构主义的鼻祖之一。什么是"最近发展区"？维果茨基认为，当学生能够独立解决一些问题时，这种问题就处于该生的"现有发展水平（OA区）"；当其不能独立解决某问题，却能在教学的情境中，在教师的启发、同伴的帮助下解决该问题时，则该问题就处于其"最近发展区"（AB区）。当教学内容处于学生最近发展区和现有发展水平以外（即B点以外）时，教学就不可能进行；当所教学之内容处于学生的现有发展水平之内（即OA以内）时，教学是没有效益的；当且仅当内容处于其最近发展区（即AB以内）时，教学才是可行的而且是有效的。教学的基本目的，就是不断地把学生的最近发展区转换为现有发展水平，或者说，就是不断地创造新的更高水准的最近发展区（如图1所示）。

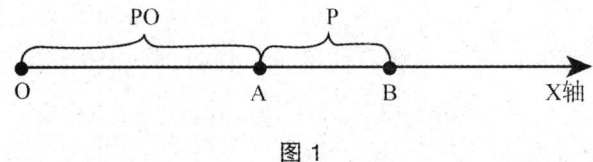

图1

图2、图3分别表现了二维、三维空间的情形，在这里，现有发展水平（区）、最近发展区都被多维化了，之所以要这样做，是因为新课程的目标是多元的。在实施过程中，教师应当习惯于从两个甚至三个维度思考问题，应当认识到只有当教学内容（P）处于矩形 $OBCB_1$（或长方体 $OBCB_1-B_2C_2C_1C_3$）之内时，教学才可能进行；而当教学内容（PO）处于矩形 OAC_1A_1（或长方体 $OADA_1-A_2D_2D_1D_3$）之内时，教学才是完全没有价值（效益）的（如图2、图3所示）。

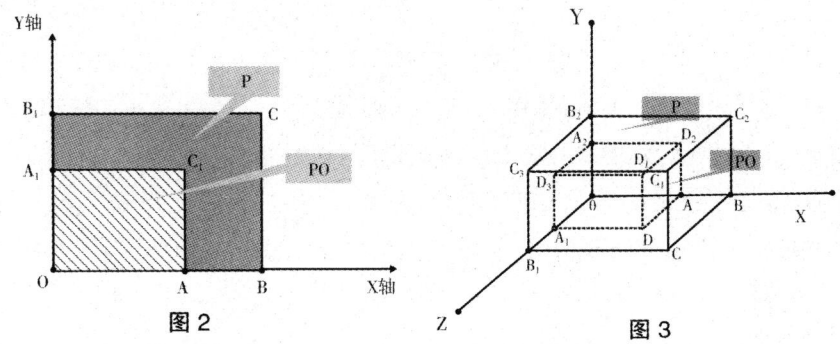

图2　　　　　　　图3

由于新课程强调尊重学生之间的差异，以上的多维分析就更有意义了——某个问题在知识技能维度上对于学生甲来说处于最近发展区，对于乙来说则可能是处于现有发展水平（区）；但同时或许在过程与方法的维度上，这个问题对于学生乙来说处于最近发展区，对于甲来说却处于现有发展水平（区）……更概括地表述，就是不同的学生可能在不同维度的目标上需要同伴或教师的帮助，不同的学生可能在同一节课里得到不同方向的发展。这就要求教师考虑到因材施教原则。

六、课题研究的方法

对于"十二五"课题实验，我们运用了下列方法逐步实施。

叙事研究法：通过教育主体的故事叙说，描述主观教育行为，进行意义建构并使教育活动获得规律性的意义理解，其过程要求注重真实、注重反思。

行动研究法：将教学实际问题通过一线教师的课堂教学研讨等形式展开，进行系统研究，以追求教学实践的改进，并撰写成教学案例、教学反思和教学随笔。

课堂观察法：通过对真实课例的观察、分析、研究与探讨，总结经验，形成对有效课堂的认识。

文献研究法：通过利用各类文献，对相关统计数据等进行分析，形成实验结论。

对比研究法：采取在年级内选取实验班与平行班进行对比研究的方法，鼓励竞争，促进良性发展。

让教学成为有效引领

校本培训，回归人本
——基于"有效研修"的"梯度协商"式培训模式探索

教师的核心素养统领着课程改革，而课程改革成败的关键是教师。没有教师的发展，缺少了教师的主动变革，课程改革将无法真正得以推进。古人认为，来自于人的内在的学习需求，才是其主动学习的内驱力。更有人认为真正好的教育，来自教师对自身的认同与自身的完整。为此，探索教师自主发展的新路径，成为学校面临的新课题。所谓教师自主发展，是指教师具有较强的自我发展意识和动力，能自觉承担专业发展的主要责任，通过多种途径的学习，使自己的教育教学能力不断提高，并不断向更高层次迈进。这种发展，越来越被看作是一种对教师激励与唤醒的过程，而不是被看作学校通过强制手段让教师提高的过程。

正如苏格拉底所说，"每个人身上都有太阳，只要让他发出光来"。校本培训就是要通过合适的策略将每位教师身上的优势发掘出来。而任何一所学校，既是物质的存在，更是精神的存在。一流的学校靠文化推动教育。在校本研修上，我校"秀雅"文化理念已根植在教师心中，形成了教师潜在的价值信仰及行为准则，并让他们由此产生一种文化自觉。"我们要做秀外慧中的教师"，这是绣林小学教师说得最多的一句话。因此，我们以"做秀雅而幸福的教师"为抓手，通过各种策略去激励、唤醒教师自身最强烈的意识——通过自我教育，达到由"要我学"到"我要学"的目标。

近几年来，我校在引领教师自主发展上进行了探索，主要运用了"梯度协商"式培训模式，它遵循着"突显个性、尊重差异、体现多元、互动生成"的人性化的管理原则，让教师根据自身特点，选择培训内容；它根据不同发展阶段的教师需求，分起点、分层次提出不同的研修内容和重点；它对于不同个体保持一种开放的心态，依靠团队的力量让个体与群体之间进行经验的交流、资源的共享，在教师全方位的对话、交流与共享中获得整体的提高。

一、传承与创新——"梯度协商"式培训模式提出的背景

"十五"期间,在华中师范大学郭元祥教授等专家的指导下,绣林小学艰苦探索,积极开展了"新时代生活教育"课题实验,本着"为儿童生活而学,为儿童生活而教,为儿童生活而教育"的指导思想,以关注师生的生命价值与人生追求为宗旨,建立了"探究—体验"式课堂教育策略,形成了以"关注生活,关注生命"为价值取向的新时代生活教育课堂教学模式,我们以"新时代生活教育"理念及叶澜教授的动态生成理论为指导,探究出了"积淀底蕴—参与体验—总结提高"的研训结合的动态校本培训模式。教师队伍的科研意识、科研能力逐步得到了增强。

我国在全面实施新课程改革后,教师们面对新课程理念显得茫然失措、无所适从。传统的校本培训总是对教师们寄予过高的期望,于是,安排了一系列的培训活动,力求在整体的活动中、在短期的时间内让教师达到统一的标准。可事与愿违,因为教师们的差异太大,在整齐划一的培训中便呈现出了各种各样的问题和矛盾。

新课程改革的实施孕育着美好的生机与希望,这应是教师发展和学生成长的最佳时机。因此,在新课程改革的背景下,我们开始冷静思索:我们的学生需要在情感态度、文化知识、行为习惯、综合能力等方面得到和谐发展;我们的教师需要在新课改的背景下,真正实现教学品质、教学技能及教育理论素养的全面提升。

基于传统校本培训中存在的一些问题,考虑到教师素质参差不齐的客观情况,对教师进行培养时就应该针对不同的教师采取不同的方法,高度重视每一位教师,满足每位教师的成长需求。因此,我们提出"梯度协商"式的培训模式,以促进每位教师的专业发展。

二、人本与提升——"梯度协商"式培训的价值取向

课程改革的全面推进,标志着基础教育的改革与发展迎来了一个走内涵发展之路的新时期。教师是教育发展的最重要的人才资源,加强教师队伍建设,成为推动新课程改革的关键。为此,我校按照科学发展观的要求,牢固树立"以人为本"的管理理念,实践着"让每一位教师走向成

功"的师训理念，运用"梯度协商"式培训模式，努力使教师体验培训的温暖、发展的乐趣、创造的快乐，让教师感受到精神的充实、人生的幸福，帮助教师重铸职业之美的人文信念，引导教师实现生命价值与职业价值的内在统一。

1. 总体目标

搭建教师专业成长系列平台，确保我校教师实现"三年入门，六年成熟，九年成才，十二年成名"的总体目标，形成我校教师专业成长的长效运行机制。

2. 教师分类

根据有关理论思想，结合我校实际，研究过程中把我校教师分为三个梯度，即新手型教师、职业型教师、专家型教师。

3. 具体要求

教师的素质参差不齐是一种客观现实，在对教师培养方面应该针对不同的教师采取不同的工作方法，高度重视每一位教师的成长，满足每位教师成长的需要。我们按照一定的指标对教师进行分类，针对不同层次的教师采用不同的协商方式及评价方式，促进每位教师工作的改善与专业的成长。为此，我们采取"点""线""面"相结合的方式，即从作为校本培训"点"的教师、作为"线"的教研组、作为"面"的学校三个方面，构建我校教师专业成长的运行机制。具体情况如下面表格。

新手型教师

培训层次	内容和要求	评价人或单位
点	①有主动学习的愿望，每期读 2—3 本教育杂志和 1 本教育专著，每学期读 1 本经典名著，每月理论笔记不少于 3000 字。 ②主动拜师，虚心向师傅请教，每周听课或接受听课不少于 1 节。 ③注重教学反思，每月写出 2 篇以上的教育叙事并及时上挂学校网站。 ④每期至少写 1 篇教学论文并能在市级以上刊物上获奖或发表，主动承担公开课、参赛课任务，并在师傅的指导下取得一定成绩。 ⑤至少有一门体育或艺术特长。	其他教师、师傅、教科室、工会
线	①在教研组内认真开展每周 1 次的常规教研活动，相互学习，交流，相互随堂听课，每月听课堂不少于 4 节，写好听后感。 ②每期上好 1 节汇报课，其基本程序是独立设计预案—师傅审阅—教研组内汇报—说课—组内评课—修改教案—写出 500 字以上课后反思—将教案、课后反思交教务处存档。	其他教师、师傅、教务处、教研组
面	①以课题研究为载体，参与理论学习和课题研究活动，让新手型教师在学习中提升理论素养，在研究中逐渐积累经验。 ②以学校各类活动为平台，如"百家讲坛""叙事沙龙""读书交流""演讲比赛"等，让教师在活动中凸显个性，展示自我。 ③以课堂为主阵地，对新手型教师实施"三年课堂达标"计划，对三年不能达标的教师实行在岗培训。 ④各类活动及培训的管理、测评、问卷、评价。	教科室、课堂达标、评估组

职业型教师

培训层次	内容和要求	评价人或单位
点	①不断更新教育思想理念，每学期至少研读1本教育教学理论专著，每月理论笔记不少于2000字。 ②能主动承担学校的科研课题或参与学校立项课题研究，形成一定的成果。 ③每月写出1篇以上教育叙事及时上挂学校网站。 ④每期至少写1篇高质量的论文在地级以上刊物上发表或获奖。 ⑤参加一项兴趣活动。 ⑥每期读1本经典名著。	其他教师、教科室、工会
线	①在教研组内开展每周1次的常规教研活动，每期能主持1至2次教研活动，每月听课量不少于3节。 ②每学期向校内外开放至少1节观摩课，能从新课程的角度，对自己执教的公开课进行备课思路介绍和执教情况反思，并将相关资料交教务处存档。	其他教师、教务处、教研组
面	①实施短期进修学习制度，选派职业型教师到高校学习、到名校交流，以更新教育教学理念、提高研究水平。 ②实行导师指导制度，聘请专家、名师作为学校职业型教师的导师，进行点拨与指导。 ③以课题研究为载体，吸纳职业型教师到课题研究的团队中来，让他们在课题研究中转变观念、增强研究意识、提升教育教学品位。 ④以学校各类活动为平台，让教师在活动中凸显个性、展示自我。 ⑤参与各类活动及培训的管理、测评、问卷、评价。	其他教师、教科室

专家型教师

培训层次	内容和要求	评价人或单位
点	①不断学习，专业上有建树，课堂教学有自己的风格，能引领新手型教师不断走向成熟。自觉诵读经典名著或教育专著。每月理论笔记不少于2000字。 ②在学校课题研究中发挥骨干作用，主持学校立项课题研究，并形成一定的成果。 ③每月写出1篇以上的教育叙事及时上挂学校网站。 ④每期至少写1篇高质量的论文在省级以上刊物上发表或获奖。 ⑤参加一项兴趣活动。	其他教师、教科室、工会
线	①每月听课3节以上，并对被听者（或徒弟）提出指导性意见，在教研组活动中，能起指导、引领和示范作用。 ②每期上示范课1节以上，或每月指导新手型教师（或徒弟）上研究课1节以上，并将修订后的教案交教务处存档。	其他教师、教研组、教科室
面	①成立专家工作室制度，留出研究空间，拨专项经费，各方面待遇倾斜。 ②鼓励专家型教师到高校在职研修高学历课程，进一步提升专家型教师的品质。 ③承担、指导学校科研课题，指导、参与学校各类校本培训及活动。 ④参与各类活动及培训的管理测评、问卷调查、评价。	校委会、教科室、其他教师

三、立体与多元——"梯度协商"式培训的实施策略

为了适应教育改革新形势，根据我校实际，学校搭建了"多部门参与、深层次渗透"的研训结合的动态校本培训平台。其基本做法是以行动研究、案例分析、参与互动、反思实践为主，做到分期培训、分步落实、分层培训、逐步提高。其校本培训组织架构图如下。

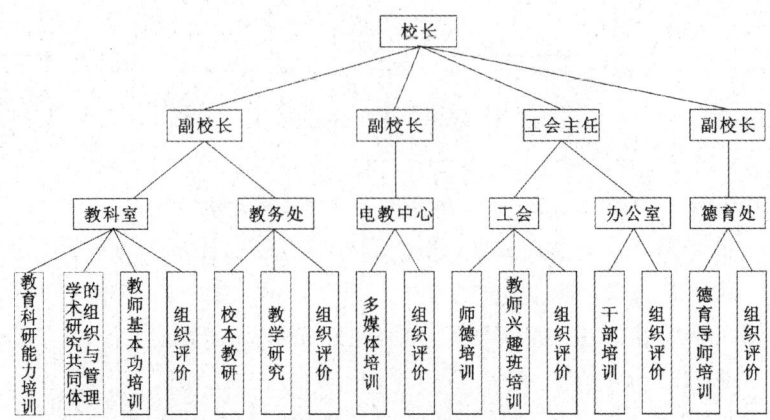

校本培训实施的基本策略有如下几点。

（一）依托课题理念，为教师的自主研究装好"航标灯"

理念是研究的指路明灯。"十二五"期间，我校在华中师范大学博士生导师郭元祥教授的指导下，开始进行"新课程背景下课堂教学有效性研究"课题实验，教科室收集资料印发给教师们，并组织了大规模的实验教师培训活动，开展互动交流活动让教师们畅谈学习体会，以确保教师对课题实验理念的正确把握。在研讨中，我们不断调整和优化课题实验思路。按照课题实验规划，我们把课堂教学理念与文化的重建作为研究高效课堂的突破口，以形成"关注生命、关注生活、高效减负"为价值取向的"快乐、高效"的课堂文化为立足点，探索"自主课堂"教学模式。

通过反复研究与实践，各教研组"自主课堂"教学模式已见雏形，如语文组低年级的"自主—识字"课堂教学模式、中年级的"自主—探究"阅读教学模式、高年级的"自主—开放"阅读教学模式等。再如数学学科，有计算课型"自主课堂"教学模式、空间与几何"自主课堂"教学模式、解决问题"自主课堂"教学模式。另外，还有英语的"快乐教学"模式等特色课堂。这些课堂教育模式已呈百花争艳之势，成为绣林小学的一大特色。

（二）抓实常规教研，为教师自主发展配好"保险箱"

我校的常规教研工作，紧紧围绕"立足课堂、扎根教师、教研与科研同步，研与训相结合"的工作思路，大胆尝试新的学科研究方式，努力追求教研实践与创新，全力推进常规教研的可持续发展。对此，我们采取了几种措施。一是健全学校常规教研监管机制，形成了"分管年级校长—教务处—学科组—教师"层层监管的运行格局，明确了各级相关人员的职责。每次活动，根据学期教研计划内容，由各分管校长引领各年级各学科教师进行教研活动，教研组具体操作落实，教务处实施评价，为抓实常规教研的各项活动提供了保障。二是实施了"一查—二评—三看"的常规教学管理长效运行机制。"一查"即每天一次的教师教学行为规范巡查；"二评"即间周一次的教师集体备课情况评议和间周一节的教研组内研讨课评议；"三看"即看备课听课的质量、看作业批改的质量、看随笔反思的质量。同时，学校采取了每学期期初、期中、期末三次常规大检查和每周五下午抽查相结合的方式，以保证常规教研活动的有效开展。实践证明，这一机制促进了教学规范的形成，提高了教学质量，对推动教师的业务能力提高起到了积极有效的作用。三是开展了"线上与线下、集中与分散"相结合的主题式研讨活动。我校围绕"自主课堂"建模，通过网络研讨、办公室或学科建设室等途径，采取"集中与分散"相结合的方式，围绕教学实践中的某一个具体问题或主题，开展研究活动。鼓励教师与自己对话，与伙伴共享，在不断的交流中修正自己的教学行为。

（三）搭建多元平台，为教师自主发展备好"打谷场"

课题实验研究，为我校教师的发展带来了新的契机。加强教师队伍建设成为推动课题实施的关键，为此，我们为教师搭建多元立体的学习、展示平台，使教师们体验到培训的温暖、发展的乐趣、创造的快乐；让教师们感受到了精神的充实、人生的幸福，实现了教师生命价值与职业价值的内在统一。具体做法如下。

1. 聘请专家

我们利用周一的课外活动时间，外请郭元祥、王佑军等专家进行关于"有效教学"的专题讲座，内请学校骨干教师、学科带头人进行新课程理论及课题实验讲座。我们还播放特级教师的教学视频，让教师们在聆听、观看、欣赏名师讲课的过程中碰撞出思维的火花。

2. 实施"青蓝工程"

我们倡导骨干教师每学期围绕"有效教学"课题实验上一节公开课。要求教龄未达三年的教师必须拜师，并开展系列师徒结对活动。我们要求师傅做到"四带"（带师德、带师能、带理念、带师道）；徒弟做到"四

学"（学为师、学理论、学教学基本功、学教学艺术）。在实施过程中，师徒必须完成好"三课"，即师傅每月一节示范课、徒弟每月一节汇报课及师徒必须积极争取参与各级各类竞赛课或交流课；师傅落实好"三给"，即给要求、给担子、给目标；倡导"三导"，即导课堂艺术、导教育教学困惑、导一切参赛活动。

3. 创办教师沙龙和论坛

教科室每月组织教师或围绕一个主题交流案例、共享收获；或围绕某个问题展开热点研讨，形成百家争鸣的局面；或进行共读一本书后的思维交融、观点碰撞。针对"有效课堂"，结合教师课堂教学实际，每月组织一次确定主题的教学反思交流大会，交流教育教学改革，探讨教学实践的困惑，促进课堂有效生成。

4. 坚持特长培训

为丰富教师的课余生活，提升教师的生命质量，使我校教师逐步向"一专多能"型教师过渡，我校根据教师个人需求，规定每周二课外活动以后的时间为教师兴趣团队活动的时间，学校开办了"篮球班""器乐班""健身操班""太极拳班""中华养生功班"等十多个培训班，以丰富教师的生活、陶冶教师的情操。

5. 建立干部及德育导师培训制度

在行政办公会上，我们在两件事上已形成了制度，一是谈管理案例；二是学习先进的管理理念与实践。学校引导每个中层干部牢固树立"把简单的事情做精致就是不简单，把重复的事情创新做就是不重复，把平凡的事情做完善就是不平凡"的"精细化"管理理念。目前，学校管理效益日益凸显，学校政令下达与实施越来越畅通，教师的凝聚力越来越强，行政人员的执政能力也越来越得到大家的认可。另外，学校把每周二下午定为班主任培训时间，培训内容有看视频、听讲座、谈经验等，加强了对班主任的培训力度。

6. 设置教师培训超市

每周三下午的4:20到5点，是我校教科室为教师设立的"校本培训超市"时间。教师可依据自己的需求，进行有目的的学习。"超市"共提供了普通话、信息技术、书法等十多个培训项目，供教师自主选择。

此外，每学期我们还开展一到两次教师基本功大赛，做到了以"赛"促学、以"评"促学，使教师的基本功越来越强。这一系列措施增强了校本培训的针对性、实效性，拓展了培训渠道，为实现教师"三年入门，六年成熟，九年成才，十二年成名"的专业化发展目标撑起了一片蓝色的天空。学校先后被评为"荆州市教育科学研究示范学校""荆州市校本培训先进单位""荆州市先进课题组"，获得"湖北省校本培训创新奖"等荣誉。

（四）创新管理机制，为教师自主发展安好"推进器"

教师自主发展、专业成长需要有相应的制度来做保障，结合学校发展规划与目标，我们希望能让教师在学校这个大家庭里满足个人发展需求、实现人生价值。其具体做法如下。

1. 健全学校管理制度

学校在管理方面遵循"以人为本"的理念，满足教师维护人格尊严、实现自我目标、平等竞争、情感归宿等四个方面的需求。围绕"引领教师自主发展"这条主线，修订、健全各项制度——"绣林小学师徒结对制度""课题实验管理制度""骨干教师评选办法""教师绩效考核方案""'秀雅'学员评价制度"等。这些制度从点到面、从量到质、从过程到结果，形成了一套全新的教师管理体系，为教师在岗位上获得自主发展营造出了良好的教育科研氛围，提供了有力的保障。

2. 建立目标导向机制

依据国家有关文件对教师素质的要求，结合学校总体目标，引导教师拟订年度专业发展计划。学校会在每学期初，发放教师发展需求问卷调查表，可让教师根据自身需要填写培训项目，以制订其自主发展的梯队计划；再依据教师需求设置"教师培训超市"，真正体现"以人为本"、按需培训。

3. 创新评价机制

根据培训的职能，我们对教师的评价形成了点、线、面相结合的多元互动的评价方式。"点"的评价，即教师个体"自评"，教师、师傅"互评"；"线"的评价，即教研组、教科室、教务处、工会、电教室、德育处的分线评价；"面"的评价，即学校的综合评价。评价内容包括理论笔记、课堂测评、基本功达标等，其成绩折合成学分，作为教师评先选优、参加职务评聘的必要条件之一。我们还将教师每年撰写的培训计划、培训过程记录、测评结果记入教师专业成长档案中，以再现教师"成长的足迹"。此外，学校立足优秀团队建设，如开展一年一次的"'秀雅'科研团队""'秀雅'年办""'秀雅'科室"评选活动等，同时倡导个人能"秀"出风采，如实行一年一次的"'秀雅'学科带头人评选""'秀雅'明星班主任"评选等。学校还对表现突出的教师给予奖励工资等待遇倾斜，并优先为他们提供外出学习、参观考察的机会，激励起教师"成长在学校、成功在学校"的积极的人生体验，让教师能创造出更为精彩的人生。

四、总结与反思——让"梯度协商"式培训回归理性生成

学校在立足校本、创生智慧、培植文化的历程中，以实现教师专业发展为目标，高度重视教师专业发展规划实现中的分享、激活、行动和支撑，有效地将教师专业发展规划植根于教师的日常生活中，有计划地将教师专业发展规划与时代的发展、学校的发展远景、教师个人的发展愿望、教师职称评定、教研组的文化建设有机结合起来。运用"梯度协商"式培训模式，紧紧抓住了几个关键环节。

首先，实施长远规划。教师以学校制订的长远目标为基准，每年拟订自己的小目标，一步一个脚印，聚沙成塔，集腋成裘，逐步形成自身的职业规划，也形成了我校教师专业成长的长效运行机制。

其次，搭建多元平台。学校通过"自主学习""同伴互助""专家引领""网络共享"等培训策略，为教师们搭建多维立体的学习活动平台，使教师们的学习如同空气一样无处不在。教师们逐步树立起学习即工作、学习即生活的人生信仰。

第三，立足校本实践。"研训结合，动态生成"是我校校本培训的真实写照，更是"梯度协商"式培训模式必须遵循的原则。它使我校校本培训如潺潺流淌的清泉，不断创生着新的方式方法。课题实验开展以来，我们主要以备课为抓手，以课堂为主阵地，引导教师进行校本实践研究。我们主要研究了以下两个方面的内容：一是探索网络背景下集体备课模式，以改变教师的教育观念，引导教师从"师本"走向"生本"，实施"导学案"式备课；二是以课堂为载体，以我校"十二五"课题"新课程背景下课堂教学有效性研究"理念为指导，以形成"关注生命、关注生活、高效减负"为价值取向的"快乐、高效"的课堂文化为立足点，探索"自主课堂"有效教学模式。

通过实施一些措施，学校的状况得到了很大程度的改观。然而，一些问题依然存在。教师们虽然课堂教学能力提高了，科研能力增强了，但真正能形成个人教学风格且能起较大影响作用的教师队伍还有待形成，特别是专家型教师队伍建设还有待加强；"梯度协商"式培训模式能满足教师们各自的需求，但在具体实施的过程中作为评价的主体在尺度的把握上很难定准位，有待于进一步构建一套科学的评价管理模式。另外，作为鼓励教师形成特色的名师工作室数量还有限，影响力发挥还不够。因此，组建团队成立工作室，带动教师开展子课题的研究工作，从而提升教师团队的能力，是我们名师工作室今后的方向。

"海阔凭鱼跃，天高任鸟飞。"绣林小学在教师发展上遵循着"让每一个人成为最完善的自己"这一原则，尊重每位教师的个性，敏锐地发现每位教师的优势，让每位教师都能在自己的岗位上各展其才，最大限度地发挥自身的潜能，获得充分的发展。在培训过程中，我校涌现出了大批的优秀教师、优秀人才。学校有特级教师一名、"十佳"校长两名、省级骨干教师五名、袁玉和老师被评为国家级明星班主任；喻长玲、杨慧琼等十几位教师被评为荆州市骨干教师；刘为等六位教师被评为石首市学科带头人。在科研成果上，耿文松等几位校长的数篇论文在国家级刊物上发表；叶俊等教师的二十多篇论文获国家级奖；王芳、周密、叶芳、王本喜等教师的八十多篇论文获省级奖。近几年来，数十名学生的美术绘画作品、电脑绘画作品分获国家级、省级奖，我校学生的器乐演奏、舞蹈表演也多次获得省市奖。

2016年，我校获得的成绩更是喜人。在"一师一优课"活动中，我校学科带头人王芳老师执教的《一个中国孩子的呼声》被推为部级优质课；王新发主任的课件制作，荣获国家级一等奖；我校学生足球队代表石首参赛，跻身荆州地区小学足球联赛四强；校舞蹈队表演的《蝶舞》，在荆州市第十届艺术节艺术展演活动中荣获一等奖，并作为石首市唯一的一支队伍，代表荆州市在"黄鹤美育节"的舞台上亮相，唯美的表演赢得了现场观众的一致好评。

"久熏幽兰人自香"，绣林小学新颖有效的校本培训方式，定能如春风雨露，让师生的生命之花绽放得更加灿烂，也将助推绣林小学扬帆远航！

青蓝结对，引领成长

——基于"有效研修"的"师徒互助"管理策略探索

绣林小学是一所百年老校，于 2011 年正式转制升格为市直学校。在"以人为本，全面实施素质教育，为学生终身发展打下坚实基础"的办学思想的指导下，学校立足校本培训，狠抓师资建设，遵循"凸显个性，尊重差异，体现多元，互动生成"的"梯度协商"式培训模式，努力践行"让每一位教师走向成功"的培训理念，为教师搭建专业成长的舞台。

依据相关理念，结合学校实际，我们将教师分为三个梯度，即新手型教师、职业型教师、专家型教师。面对新进的教师，学校会在期初开展师徒结对活动，旨在充分利用骨干教师的优势，发挥其对青年教师的教学指导作用，让师徒在结对中相互学习、相互帮助、相互促进，达到共同提高的目的。我们的具体做法如下。

一、明确职责

传统的"师徒结对"就是典型的"老带新"，形式上就是新教师跟随一位有经验的教师学习课堂教学经验。绣林小学对这一形式进行了拓展和创新，并将师徒的职责尽可能明确，让师傅"教"得有方向，徒弟"学"得有目标。

"师傅"要做到"四带"：

带师德——敬业爱岗，无私奉献，教书育人，为人师表。

带理念——引导徒弟学习最新教育教学理念，向徒弟推荐优秀学习书籍，使徒弟树立正确的教育思想，掌握现代教育理念。

带师能——教育教学与教育科研的基本技能。

带师道——指导徒弟拟订教学计划，把握教学环节，特别是备、教、改、辅、考、听等环节，师傅可根据徒弟现有的专业水平，进行相关指导。

徒弟要做到"四学"：

学为师——学习怎样育人和做人，如遵纪守法、诚实正直等。

学理论——学习教育教学理论，掌握先进的教育思想。

学教学基本功——熟练掌握教育教学的基本功。

学教学艺术——虚心向师傅学习课堂教学,领悟课堂教学艺术。

二、落实要求

任何规划,关键都在于落实。为了让青年教师尽快适应新环境,尽早跟上现代教育的节奏,我们将目标具体化,力求让"师徒结对"活动有序化、能落实。

在具体做法上,我们力求完成"三课":师傅每月一节示范课、徒弟每月一节汇报课、参与各级各类的研讨和优质课竞赛。其具体要求如下。

徒弟每月上汇报课,师傅应切实做到"课前指点、课堂指导、课后评价",指出其教学中的不足和改进方法,促进徒弟教学能力的提高。师傅每月上示范课,徒弟应做到听前有准备,听中有对比,听后有反思。师傅鼓励、指导、帮助徒弟积极参加各级各类竞赛活动和课堂教学研讨展示活动,让其得到更多的锻炼和提高。

落实"三给":给要求、给担子、给目标。具体要求如下。

在师傅的引导下,徒弟必须对自身的教学情况和业务水平进行认真、全面的剖析,明确成长的方向,拟订好成长计划。徒弟须加强学习积累,写好学习笔记,每学期末上交一篇3000字以上学习心得。三年期满,徒弟必须有三项市级以上科研成果,并在教科室组织的"徒弟出师展示课"上,有突出表现。

倡导"三导":导课堂艺术、导教育教学困惑、导一切参赛活动。具体要求如下。

师傅须按《绣林小学课堂评价标准》,指导徒弟进行课堂教学,并鼓励徒弟形成个性化的课堂教学风格。徒弟应虚心接受师傅意见,并进行反思、改进。对徒弟在教育教学中遇到的困惑,如对学困生的指导、和家长的沟通等问题,师傅应做点拨或疏通。指导徒弟的一切参赛活动,包括赛课、论文、案例的撰写等。

三、健全机制

健全机制是活动落实的保障。我校师徒结对工作由分管教学的副校长负责,由教科室落实常规管理,并建立相应的管理考核评价机制。具体做法如下。

第一，设"师徒结对"专项档案。记录师徒成长历程，作为师徒绩效考评的参考依据。

第二，设"师徒结对"月评表。师徒开展的活动资料（教学设计、听课记录、教学反思等），每月由师傅收集起来一并上交教科室，并根据"师徒结对"月评表，予以评价和奖励。

第三，结对期间，徒弟在师傅的指导下所取得的科研成果，师傅享受同等奖励。

第四，"师徒结对"活动三年为一轮，三年期满，教科室将组织开展"徒弟出师展示课"活动及相关教学基本功考核，对表现突出者，对师徒给予一定奖励。

"师徒结对"活动是我校长抓不懈的一项系统工程，也是我校校本培训的一项重要举措。近年来，我校教师的专业成长是有目共睹的。现在我校一半的教师为省、市、地各级骨干教师，在历次的学科课堂调研或课堂达标活动中，我校教师优秀课达标率均为85%。近三年来，学校获得了"湖北省校本培训创新管理先进单位""荆州市英语优秀教研组""荆州市课题实验先进单位""石首市教育科研先进单位"等荣誉称号。在全市组织的"课内比教学"活动中，我校语、数、英、音等学科均取得了一等奖的好成绩。我校的肖艳老师代表石首市参加荆州市课堂教学比赛，在比赛中脱颖而出，后又代表荆州市参加湖北省英语优质课竞赛，是石首市唯一一位有资格参加湖北省优质课竞赛的选手。

"东风洒雨露，会入天地春。"学校将本着让每一位教师走向成功的校本培训理念，努力开辟富有绣林小学特色的校本培训之路及和谐健康的发展之路。

网络时代，如何备课

——"有效备课"的集体备课管理模式

网络正影响和改变着学校教育教学的各个方面，使得教育理念、教学模式、师生交流方式等发生着潜移默化的变化，而这些正是催生网络集体备课方式的源头。

网络集体备课是以网络为平台，打破传统备课在时间、地点等方面的局限性，促成教师之间跨时空合作与共享的有效形式。网络集体备课可以最大限度地发挥集体优势、提高备课质量、提升教师课堂教学效率。自研究"快乐、高效"课堂以来，我校构建自主课堂，培养学生主动学习的良好习惯，并探索网络背景下的集体备课模式。对于课前如何对学生进行指导性学习，课中如何引导学生进行主体性学习，课后如何让学进行拓展性综合练习，我们都做了一定的探索。为提高网络集体备课效率，我们从转变观念入手，强化管理，认真开展反思活动，取得了一定的实效。

一、树立三个新理念，观念转变是前提

1. 树立新的教师观

新课程改革对教师提出了新的要求，呼唤教师从传统的教育角色中摆脱出来，进入新角色。要求教师从知识的传授者、灌输者、拥有者转变为教学活动的组织者、帮助者、合作者；从权威者、训导者、管理者转变为引导者、激励者、服务者。如在课前，我们首先从调查学情开始设计导学案，实施以"学"定"教"；在课中，教师自始至终"致力于导"，充当的是一个组织者与指导者的角色，通过激励与引导，使学生自奋其力、自致其知。在教师富有智慧的引导中，使学生可以放飞心灵、张扬个性、活跃思维、启迪智慧、激活创造力。

2. 树立新的学生观

我们的课堂一切从学生的学情出发，课堂评价以学生是否学得主动为标准；我们把课堂让给学生，让课堂成为展示学生个性、智慧、创造力的

舞台；我们把预习的权利还给学生，通过自主预习，实现学习前置，让学生自主构建初步的知识结构；我们把作业设计的权利交给学生，引导学生到课外、生活中去亲身体验，进行自主创造。

3. 树立新的课堂观

在探索中，我们将"自主课堂"所追求的境界定位为十二个字："自主学习、赏心悦目、精彩纷呈"。"自主课堂"以"自主学习"为核心理念，大致分为"前置性学习—互动展示—合作探究—点拨总结—作业反馈—拓展延伸"六个环节。这六个环节，包括进行导学案设计；课前自学，实现学习前置；在合作、分享的基础上，小组成员对学习成果进行交流与展示；教师运用恰当的手段或方法对学生进行适时的点拨，之后引导学生进行自主总结与归纳；最后，通过必要的策略，把学生的自主学习延伸到课外。"自主课堂"强调建设学习共同体，师生之间在课堂上相互合作、互教互学，课堂成为师生共赢、共同发展的地方，共同收获学习的快乐、成长的快乐！

二、落实五个流程，强化管理是保障

我校规定，组织集体备课要遵循"四定""三有"原则。"四定"即定时间、定内容、定主讲人、定交流平台。做到每周一次集体备课研讨，每次活动时间不少于两节课，每次研讨前后需要利用网络平台进行交流分享；"三有"即有固定地点、有备课组长主持、有领导蹲点，以保证备课活动取得实效。具体操作如下。

一是实名注册。实行实名电子注册及建立年级备课协作组的方法，以便定期实施检查与评价。

二是任务分配。由教研组长在学期初统一分配"主备人"的备课任务，用电子公告方式进行公示。教师利用每学期开学前三天时间进行个体预备课。在个体备课期间，教师要利用网络等各种优质资源服务于备课。

三是集体研讨。"主备人"先将个人备课预案提前两周上传到资源库内，由备课组长在网上组织本年级教师利用网络平台展开讨论，教师可随意下载所需教案、课件，或提供更多更好的资源。之后，教师们再利用每单周三的两节课集中研讨，形成导学案，每双周三的两节课为教研组内研究课展示时间，一般由本单元的"主备人"执教。

四是修改分享。教师可利用"跟帖"的方式把自己进行了个性化修改的导学案上传到备课资源库，供同事分享，以实现导学案共性和个性的完美结合。

五是循环使用。将最优化的导学案集结成电子备课册子，上传到学校公共资源库。教研组也可以将其他相关资源，如课件等，长期存留，以备大家循环参考使用。

三、把握五个反思点，交流分享是关键

利用网络平台进行反思研讨，能突破时间和空间的限制，避免了"语言霸权"等现象的出现，扩大了交流的辐射面。为落实好反思这一环节，我们利用网络平台或现场研讨沙龙相结合的办法，做到一课一反思，倡导教师写教育反思博客，并定期予以评价；一月一沙龙，每月组织两个教研组举行一次研讨沙龙活动。这些举措的具体实施办法如下。

一是分析"成功点"。我们提倡教师在课后，把教学中的成功点用网络平台记录下来，并分析为什么会成功。具体可对以下几个方面进行总结思考：学生课前预习为达成目标做了哪些好的铺垫？教学目标是怎样得到有效落实的？如何恰当地处理教学内容？采取什么样的手段使教学重点突出，难点得到突破？哪几个教学环节效率最高？为什么？在调动学生主体性方面采取了哪些有效措施？在调控课堂方面有哪些成功经验……

二是反思"失误点"。当教学出现失误时，我们会引导教师从以下几方面展开思考：教学目标是否脱离了学生的实际水平？对教学重点、难点的把握是否准确？教法与学法的选用是否符合学生的身心特点？学生为什么会缺乏兴趣或启而不发？实际教学是否缺乏灵活性？学生课后综合性练习为什么质量不高……

三是捕捉"闪光点"。在课堂教学中，师生常常会产生一些有益于教学的灵感。教师在课后要及时把这些闪光点捕捉下来，在网络平台上汇集成"智慧集"。之后，对这些材料进行深刻反思，寻找隐含于其背后的理论依据，让教师获得规律性的认识。

四是总结"后续点"。教师教完一堂课，对教学情况进行全面总结与反思，会获得许多成功的经验和失败的教训。这些经验和教训再与学生反馈的信息相结合，为后续教学预案的设计提供了参考。

五是抓好"突出点"。我们以年为单位,由学科组长和骨干教师组建年级科研智囊团,收集在集体备课研究中出现的比较突出的问题形成研究主题;开展每月一次的研讨沙龙活动,并在全校展示研讨成果,真正实现"以思维碰撞思维""以智慧点燃智慧"。

网络背景下的集体备课,是进行理想教研的有效载体。在研究中我们发现还有一些问题有待完善,如评价机制不够全面;教师的反思深度不够,随意性较强,有形式主义倾向,等等。我们今后将力求做到让教师在规则中养成合作习惯,在实践中明确合作程序,在反思中提升合作实效,在研究中寻找合作依托,在监控中保障合作质量,使网络集体备课达到最佳效果。

班级自主，有效管理

——"有效管理"的班级"自主管理"模式

针对目前班级管理中教师约束多、限制严，而学生多为独生子女，比较娇气、行为习惯差、自制力不强，教师单一说教不能真正走入学生的内心，班级育人效果不佳等现状，研究与探讨学校德育与学生生活的联系，增强小学生作为道德活动主体的自主性、能动性、创造性，以达到提高儿童自我管理、自我教育的能力，让学生真正由"他律"走向"自律"，是我校"生活德育"研究的重要问题之一。为此，我校以"生活德育"理念为指导思想，根据学生的年龄特点和时代育人要求，进行了为期一年的班级"自主管理"模式的试验，突出教师民主、学生自主，让教师、学生全员参与，共同体验全方位、全过程的班级管理，在班级中形成了"人人有事做，事事有人做，时时有事做，个人是主人"的良好局面，促进了班级管理的最优化。我们的具体做法如下。

一、美化班级育人环境

1. 改变班名，设计班徽，创作班歌

为了让每一个学生都主动参与班级管理，激发学生爱班级的热情，增强班级的凝聚力，培养学生的自主性和创造性，我们提出了一系列"自己来"措施，即班名自己编、活动自己安排、同学自己帮、教室自己布置、班长轮流当，等等。过去，班名往往依年级和班序而定，随着学生自主意识的不断增强，他们想取一个凝聚力强、为全班同学所喜爱并具有代表性的班名。具体做法是先由教师组织学生讨论，和学生一起找出班级的特点，确定班级共同的奋斗目标——目标是一个班级的努力方向，它起着唤醒学生的成功愿望和心理潜能、激发学生的学习动机和拼搏精神、统一全班思想认识的重大作用。通过全班每一个学生的参与讨论，教师引导学生从粗浅的想法或幼稚的认识上提炼出响亮且含义深刻的班名。在教师的发动和组织下，学生纷纷开动脑筋，给班级取了许多可爱而有意义的班名，如"小精灵班""小天使班""小叮当班""大风车班""一休哥班""英才

班""耕耘班""雄鹰班""大拇指班"……在众多的班名中,"世纪之星班"脱颖而出,它能够结合时代的特点,激发学生奋发向上、争做21世纪耀眼的新星的愿望。围绕班名设计班徽,也使学生兴趣盎然。形式不一、造型各异的图案设计代表着一颗颗童心,闪烁着创造的智慧火花。在众多的图案中,我们选定一些学生的作品为最佳创意,并综合这些创意设计出醒目动感的班徽。如一个班的班徽是海平面上正冉冉升起一颗"世纪之星"。海水代表教师的恩情,"世纪之星"寓意成长中的学生;星星内有一支燃烧的火炬——是教师把这星星火炬交给了学生;火炬上方还有四颗小星星,好比我们的学生终会成人成才,像星星一样发光发热。对于班歌的歌词创作,学生开始时认为很棘手,后来在老师的启发下,思维不再受限,大胆地写出了自己喜爱的歌词,在音乐老师的配合下,一首首欢快自信的班歌终于诞生了!如:

多彩的世界走来你我他,七十三个伙伴相聚在四(5)班这个温暖的家。看每个人脸上洋溢奋发的朝气,看每个人脸上充满蓬勃的生机。啊!我们的班级,火热的集体,团结友爱,充满情意。新的世纪在呼唤,让我们快快长大,快快长大!

多彩的世界走来你我他,七十三个伙伴相聚在四(5)班这个温暖的家。天才出于勤奋,信心伴我成功,世上没有难事,只要肯去攀登。啊!我们的班级,奋进的集体,齐心协力,共创第一!新的世纪在呼唤,我们要做世纪之星,报效国家。

班歌歌词通俗易懂,朗朗上口,配上欢快而优美的旋律,再加上学生自创的动作,显得生动活泼,极富感染力和鼓舞作用。

2. 美化环境,突出童心,营造育人氛围

"让墙壁说话"是师生共同布置教室的宗旨,它要求教室布置既要不失童趣,又要令人耳目一新且富于教育意义。师生一起翻阅资料、设计草图,一起动脑筋,最终共同完成教室的布置。整个教室要体现"惜时、自信、团结、合作"的育人氛围。教室里每一幅画、每一句标语都激励着学生去奋斗拼搏、积极进取。有的学生在日记中写道:"每当我偷懒、拖拉作业时,我就看到了左面挂钟下的'今日事,今日毕,莫待明日更着急',顿时,我赶快振奋精神,一口气写完作业。"有的学生写道:"我最喜欢左墙上的一休哥了,他告诉我'世上无难事,只怕有心人',他鼓励我要用信心、毅力去征服一切困难。"还有的学生说:"我最喜欢我们班的集体照,'人多智慧广,星多天空亮',它使我明白只要团结友爱,集体的力量是无穷的。"我们还开展了"放飞理想"活动,学生们纷纷把自己的理想写在吹塑纸上,剪成智慧星、世纪之星、桃心、流星或是雄鹰、鸽子等形状,贴在教室的天花板上,让它们时刻提醒着自己:"你是'世纪之星'班的,你的理想就在上面,不好好学习,将来怎能为我们的祖国建设而发光发热呢?"

这些做法为学生们营造了良好的环境。例如,只要走进我校四(5)班教室,立刻会给人一种赏心悦目的感觉:教室窗明几净,地板一尘不染,墙壁上的名言警句响亮有力,黑板报图文并茂,鲜花绿草点缀窗台,还有令人产生无限遐想的班徽……所有这一切,无不呼应着黑板上方那赫然醒目的、渗透着强烈时代感的班训——"文明、勤奋、求实、进取"及"学会生活、学会合作、学会创新"的育人宗旨,整个班级充满了"比学赶帮超"的浓浓气息。在师生共同创造、共同设计、共同布置的过程中,师生的感情增强,学生们也充分感受到了教师为其健康成长所做的一切,他们的主人翁意识增强,自主性得到发挥。同时,在此活动中,学生们也认识了自我、肯定了自我、发展了自我。

二、营造平等合作的育人氛围

在班级活动或课堂教学中,我们会经常改变教室中课桌椅的摆放方式。对课桌椅的摆放方式的创新实际上传递了这样一种信息:学生是重要的,教学活动是以学生为中心的。这一举措,旨在创造一种合作的育人氛围。在全体学生的积极参与设计下,大家根据不同的课型设计出了环形、T形、蘑菇形等座次编排方式,如班队活动课可采用环形,组织讨论时可采用T形……实践证明,座次编排、课桌椅摆放方式的创新,比传统秧田式座次编排更能促进学生的自主性与能动性的发挥。

我们还会用各种方式去改善师生关系。在传统的教育模式中,教师处于绝对权威的地位,一般对班集体实行的是封闭式的强制与说教管理。教师与学生很难亲近、交流,学生对教师也是敬而远之。这样的管理关闭了学生的心扉,压抑了学生的情感,禁锢了学生的思维,束缚了学生的想象。我们主张建立平等、和谐、民主、宽松的朋友式师生关系。"亲其师,信其道",教师只有真正理解、尊重、关心、帮助、支持、赏识每个学生,才能使他们自觉自愿地接受教育,才能消除他们心灵上的恐惧感。在他们迷惘时亲切地送上一句:"有困难吗?我来帮助你。"或在犹豫时鼓励他们:"别怕,你一定能行!"都会让他们如沐春风,增强信心和勇气。师生之间的交往,如提问、交谈的机会增多,就更能让学生在宽松民主的氛围中自觉参与班级管理。

三、班级自主管理的组织和实施

组织实施是班级管理过程中最重要的环节,这一环节不仅是保证班级计划得以实现的关键,更是培养学生的自主能力和自我管理能力的重要步骤。在以往的班级管理中,班主任要么是包办代替,把组织活动视为自己的个人私事,要么是部分授权给少数班干部去做。这样一来,就束缚了绝大多数学生的发展,人为地造成了学生发展水平上的差异。我们必须改变这种状况,改造班级内的组织结构和班级活动的合作机制,努力为每一个学生创造参与班级组织、管理的机会。

1. 加大学生自主活动的广度和力度

班级开展的各种活动,特别是主题班队活动,应尽可能多地让学生参加到活动的设计、准备和组织中来。我们经过实践探索认为:通过竞选、评比,让学生轮流承担活动的组织工作,是扩大学生活动参与度和提高学生能力的一条有效策略。班主任提前将活动时间、活动主题告诉学生,让大家思考、设计,学生可自己编小品、演节目,推选或自荐做主持人。准备一段时间后,由班主任组织学生评选出最佳方案,然后,在主持人的组织下,大家围绕这个方案进一步分工负责、积极准备,准备成熟后,在各小组组长的主持下开展活动。活动结束后,可让学生对活动的主题、内容、形式、主持人表现进行评议,总结经验,提出不足,促进下次活动水平再上新台阶。让学生自主设计和组织班队活动,能产生多方面的积极作用:它为每个学生提供了参与机会;它能展示班级生活的斑斓色彩和独特性;它改变了由班主任、辅导员确定内容、形式、人员的被动局面;它改变了班队活动缺乏个性的状态,使学生的独立组织、独立工作和独立解决班级实际问题的能力有很大提高。比如,某个班级开展了"夸夸我的好妈妈"的主题班会活动,由学生自己设计方案。班会现场,请来了八位学生的妈妈参与其中。学生自己设计了向妈妈敬礼、给妈妈送花的环节,并编排演出了歌舞《只要妈妈露笑脸》、小品《请妈妈喝茶》等节目。小捷同学原来有一个温暖的家,但父母离婚了,他跟着妈妈生活。他很调皮,经常惹妈妈生气,那天的班会上他哭着说:"我现在好后悔。我好想妈妈,想对她说声'对不起',前天回家,发现妈妈不在家,她去外面打工了……"小芬同学生活在一个十分幸福的家,但她也哭得像个泪人儿似的,原来她妈妈生她时难产,连医院的护士都叫她"珍贵儿"。她为自己任性、淘气、惹妈妈生气而后悔……热热闹闹的班会中出现了一片哭声,老师、几位妈妈都为孩子真挚的话语、美好的童心而感动。这次班会以后,学生的纪律、行为习惯好了许多,与父母的感情也更深了。

此外,在学生的策划下,很多班级还开展了"无班主任日""无声周""请讲普通话周""每天送一句话"等活动,培养了学生自主、自立、自强、自信的人格,增强了学生的参与意识、竞争意识、责任意识。

2. 丰富班级管理角色,提高每一个学生的自主管理能力

让每一个学生通过竞选在班级管理岗位上得到锻炼,提高管理能力,应成为班级自主管理追求的目标。为此,可采取两种策略。

一是增设班级管理岗位。让学生竞争上岗,让更多的学生在集体中承担责任,愿意服务于集体,并在一些活动中提高管理能力。除班级的常设班干部外,增设班级管理员、课间纪律巡查员、个人卫生督查员、各科作业收发员、黑板报编辑、普通话小督查员等,一人一岗,各负其责,使全班学生人人有事干,班上事事有人干,增强学生的主人翁意识及集体荣誉感。我们每月一次选出的班干部,都是学生经过精心准备应选、由前任班干部主持、全体学生投票选出来的。

二是实行角色动态分配。单一的职位角色分配不利于学生的全面发展,而实行角色变换制度,能让学生在不同的管理岗位上得到多方面的锻炼。每一个班干部岗位,尤其是主要岗位,要定期改换。不同层次的管理角色可以轮换,如这次某学生任小组长,下次就可任学习委员。班级自主管理为每位学生创造了参与组织管理和实践的机会,极大地调动了学生学习的积极性,而且使学生获得了"班级小主人"的积极体验,从而激发出

学生主动参与班级管理的积极性，并从管理者的角色中学会管理他人、管理自我。

四、开展自查与互查活动，让学生学会自我评价

检查是班级管理过程中不可缺少的一个环节，通过这一环节，可让师生了解、掌握计划执行情况及目标达成的程度，并据此调整、改进以后的工作。针对班级的实际情况，结合学校德育"创五星"活动，我们给学生制定了日常行为积分表，表格分"文明礼貌""自主学习""自主创新""安全纪律""文明路队"五项评估项目。每人基础分为一百分，在此基础上加、减分，每星期一小结，谁的分数多，谁就被评为该周的"班级之星"，我们会把他的相片及自我介绍贴在"班级之星"评比栏里，使学生体验到成功的快乐。

班级还开展了"值日班长"活动。其具体做法是每天按学号排列顺序，由一名学生担任"值日班长"，协助班长全面负责班级管理工作。工作一天后，写一篇当班长的感想。日记要真实记录一天中的所见、所闻、所感，可对好人好事、好的现象进行表扬，也可对不良行为和现象进行中肯的批评。学生要在第二天的晨会课上读自己写的日记，由同学们评议好坏。这种管理方式，对培养学生的自我监控能力产生了积极的作用。

班级实行班干部轮换制，学生可在每学期期末进行述职：为班级做了哪些好事？还有哪些不足？收获是什么？并由学生评选出优秀班干部、优秀小组长、学雷锋标兵、艺术之星、班级之星等，通过评比，旨在调动学生自主管理班级的积极性，让学生在充分的实际锻炼和亲身体验中学会自我教育、自我管理、自我评价。实践证明，在班级管理中，把学生当主人，努力提高他们的管理参与程度，能充分发挥他们的主动性、能动性，而学生的主体性作用也因此得到了充分的发挥，班级的管理效益也就越高。我们深信，只要我们在实验研究中不断耕耘、勇于创新，在班级管理这块园圃里，一定会开满绚丽的花朵，结出丰硕的果实。

高效管理，引领进步

——"有效管理"的质量建设管理策略

管理的实质是引领，包括思想的引领和行为的引领。学校管理的目的是培养人、塑造人、发展人。"以人为本"是学校管理的前提。因此，把大写的"人"放在首位，是一所学校质量建设的根本，是形成管理实效的动力源泉。

一、年级管理"扁平制"

面对教育改革的挑战，绣林小学发展的新的突破口在哪里？我们深知，学校的办学理念，只有完全内化为教师的行为，才能实现学校的转型及变革。为缩小领导战略发展构想与教师执行力的距离，使"年办"（年级办公室）直接成为学校质量建设的组织者与实施者，学校开始探索年级"扁平式管理"模式。"扁平式管理"指学校在每个"年办"中选派一名年级主任，将权力下移至"年办"，责任承包到"年办"，"年办"教师遵循"人人有事做，事事有人做，个个是主人"的原则，全方位调动自己的主人翁意识。

为提升管理的品位，一方面，学校启动了"2+1"中层管理研修计划（"2"即每月两次行政例会上由办公室组织的"如何提升管理艺术"的理论培训，"1"即每学期一次的年级及科室中层干部述职）；另一方面，学校出台了"绣林小学年办考核办法""绣林小学科室考核办法""绣林小学质量管理办法"等方案，结合合理的管理方法及教师绩效工资考评方案，对"年办"及各科室实施一月一考评的制度。这一模式增强了"年办"及各科室的凝聚力、战斗力，提升了学校的管理效能。

二、学科管理"三级制"

学科建设是提高学校质量、提升学校内涵的重要载体。为强化各学科教师教学的质量意识，学校分学科成立了学科建设室，并从2008年下学期开始实行"三级学科管理负责制"。"三级"即分管校长、主管中层干部及

学科负责人共同对本学科的教学质量、校内外师生活动及所有学科的中心工作负责。在实施过程中,各学科组可依据本学科的特点,吸纳学科的其他骨干力量参与到学科建设中来。如举行课堂教学竞赛时,学科组可以召集学科骨干教师,一起参与研课、做课。通过上述一系列举措,我校学科建设的实施达到了省时、高效、提质的效果。

三、常规管理"监管制"

我校常规教研工作,紧紧围绕"立足课堂,扎根教师,教研与科研同步,科研与训练相结合"的工作思路,大胆尝试学科研究方式,努力追求教研实践与创新,全力推进常规教研的可持续发展进程。一是健全学校常规教研监管机制,形成了"分管年级校长—教务处—学科组—教师"层层监管的运行格局,明确了各级人员的职责。每次活动,根据学期教研计划内容,由各分管校长引领各年级学科教研活动,教研组具体操作落实,教务处实施评价,为抓实常规教研的各项活动提供了保障。二是实施"一查、二评、三看"的常规教学管理长效运行机制。"一查"即每天一次的教师教学行为规范的巡查;"二评"即间周一次的教师集体备课情况评议和间周一节的教研组内研讨课评议;"三看"即看备课听课、看作业批改、看随笔反思的质量。同时,采取了每学期期初、期中、期末三次常规大检查和每周五下午一抽查相结合的方式进行全面检查。实践证实,这一机制促进了教学规范、提高了教学质量,对推动教师的业务能力起到了积极有效的作用。三是开展"线上与线下、集中与分散"相结合的主题式研讨活动。我校围绕"自主课堂"建模,通过线上即"网络研讨",线下即"办公室或学科建设室",并用"集中与分散"相结合的方式,围绕教学实践中的某一个具体问题或主题,开展研究活动,鼓励教师与自己对话,与伙伴共享,在不断交流中修正自己不科学的教学行为。

四、质量管理"预警制"

教学质量是学校的生命线。为提升教学质量,构建规范化、科学化、制度化的质量监控体系,我校实施"绣林小学教学质量预警机制"。具体做法是——教师对所任教学科的教学质量负责。评比以质检成绩为依据,非考试科目以三级学科领导检测评价为依据。对居于倒数第一者,实施质量预警。第一年对其进行谈话教育，要求其写出书面认识；连续两年居于倒数第一者，三级学科领导跟踪听课，帮助其剖析原因；连续三年居于倒数第一者，会让其停课学习，拜师学艺。

我们懂得，压力过大就会使教师失去工作的动力。因此，在各项措施实施的过程中，学校坚持"谈""帮""带"的原则，"谈"即分管年级校长通过谈话，找出一些教师在教学中存在的问题，"帮"即三级学科领导通过深入调研帮助这些教师找出问题症结；"带"即通过让落后教师拜师学艺，解决他们的职业困惑，引导他们走上职业成功的道路。

附　录

做实验教师，你准备好了吗？

随着《国家中长期教育改革和发展规划纲要（2010—2020）》的颁布，我国基础教育的改革与发展进入了一个新的历史阶段，全面提高教育质量，促进教育的内涵发展，成为我国未来十年教育改革发展的核心任务。以国家教育改革为契机，在华中师范大学基础教育课程中心主任、博士生导师郭元祥教授的指导下，我校以"新课程背景下课堂教学的有效性研究"为"十二五"研究课题，探索并实践新课程理念下怎样实施有意义教学，并形成新课程背景下的课堂教学的基本原则、策略和模式，以推进教育改革的实施进程。

本课题实验，我校参与教师近百人，参与班级达四十多个，教学班额大，实验教师压力大，实验管理工作易呈瓶颈状态。面对庞大的实验教师队伍，教师素质参差不齐，思想动态存在差异的情况，如何让教师尽快调整好心态适应实验工作？如何让教师乐于科研，而不是被动接受任务？我认为，学校管理者应引导教师培养以下几方面的素养，为课题实验做好心理铺垫。

一、敏锐的触角

作为一名教育工作者，其责任是培育下一代。因此，视野应开阔，应立足当今，着眼未来。如果没有对社会、教育中长期发展的把握，就如同远航的帆船没有了航标，教育工作便会迷失方向，就不能准确把握教书育人理念，更不能驾驭好课堂。比如，在未来社会，科技创新、经济发展对人的素质有什么要求？怎样的课堂才能形成这种素质？怎样的教学与学生素质发展相匹配？做到视野开阔、目标明确，我们的教育行为才不至于偏离正常轨道。再比如，我们湖北省开展的"课内比教学，课外访万家"活动,"比""访"只是表象,折射出的是基础教育发展的新走向——对教师素质、教学质量的关注,对新的教育理念、教育管理形态的重视。而基础教育要走内涵发展的道路,就必须通过抓好教师素质的提升、抓好课堂改革,真正实现学生素质的整体提升。我们的教师,特别是处于改革潮头的实验教师,更应清醒地意识到这一点。

二、善于规划

"凡事预则立,不预则废。"目标是前行的灯塔,规划是行动的导航仪。没有目标,所谓的规划就没有明确的方向,人行动起来就会像无头的苍蝇一样四处乱撞;没有规划,目标只是空谈,没有现实的可能。实验初期,我们将实验工作划分为四个阶段:选择、学习、探索、反思。

在"选择"上,我校实施了小课题研究项目,让教师根据自己的实际情况,选择适合自己学科的小课题参与研究,教师还可以自选子课题,自主研究。如此一来,教师就能在小课题研究中解决实际问题、把握教育规律,在实践中提升理念、体会教育科研的价值。在"学习"上,让教师根据自己选定的课题,自行制订学习计划,奠定课题理论基础,为实验工作指明研究方向。"探索"是实验的核心阶段,教师应将学习到的实验理论结合各校现有的研究成果,指导课堂教学实践。"反思"阶段,要求教师在实践中总结成果、认识不足、找准问题、明确差距,形成进一步探索的新思路。

此外,学校还应建立相应的课题实验研究制度,组织相关研究活动,如讲座、沙龙、研讨、交流等,引导教师梳理实验过程,让教师在课题实验中有规划、有目标、有方向,以此提高教师的教育科研能力和课题研究水平。这样,在充分发挥教师个体和群体聪明才智的基础上,再借鉴外校的经验和方法,就能达到资源共享、共同提高的目的。

三、勇于坚持

课题实验是一项探索性工作,研究过程就是新思想播种的过程,不可能一蹴而就。作为实验教师,要有"十年磨一剑"的思想准备。我校课题实验中,除了学校营造出宽松、宽容、人性化的研究氛围外,更重要的是,教师们有百折不挠、坚持不懈的信念,相信辛勤的付出定会有收获,艰辛的探索必将会有累累硕果。正是具备了"千淘万漉虽辛苦"的意志力，我们才能最终取得"吹尽狂沙始得金"的效果。

四、乐于合作

合作是人际关系中的一种重要形式，也是个人与群体成员为了实现共同目标而同心协力产生一致行动的过程。作为实验教师，必须具有良好的团队合作意识。特别是随着现代社会的飞速发展，更需要每个教师都加强与他人的合作与交流。只有在合作中传递信息，在交流中相互分享，才能取得事半功倍的研究效果。

此外，合作与竞争是一对孪生姊妹，对于同一团队中的共同目标，学校要激活教师的团队合作意识，发挥团队克难攻坚的"大雁效应"，以减少前进的阻力。而对于每个人的引导上，又要用到"鲇鱼效应"，让教师与同伴竞争，激发教师个人内在的动力，以实现教师的自我超越。

五、敢于超越

对已取得的教育教学成果，教师要善于思考，勇于突破。如课堂建模中，无论取得过多大成果的教师都应该思考：我们的课堂还需要怎样的改革？我们需要怎样去教学才能真正融入学生的心灵世界，与学生的脉搏一起跳动？我们需要采用怎样的教学方法，才能真正感受到学生思维的节拍，去开启他们智慧的大门？我们需要采用怎样的激励方式，才能让学生克服学习障碍，扬起自信的风帆？我们需要采用怎样的批评方式，才能真正触动学生心灵的琴弦，让他们迷途知返？……总之，做实验教师，你准备好了吗？你是否具有广博的知识？是否有愈挫愈勇的精神？是否有善于改革的勇气，有不懈追求的境界？

时代在前进，教育需要改革，改革需要先行者，作为实验教师，你，是一个特立独行的先行者吗？

接天莲叶无穷碧，映日荷花别样红

——新课程背景下课堂教学有效性课题实验成果报告

捷克教育家夸美纽斯说过，我们的目的在于"寻求并找出一种教学的方法，使教员因此可以少教，但是学生可以多学"。他认为教学应当是一种使人感到愉悦的艺术。叶圣陶先生也曾说过："教是为了不教。"这两个观点是我们追求课堂教学真谛的精髓所在。在近五年时间里，学校始终以"秀雅"文化为核心，以课堂为主阵地，以教科研活动为载体，深入推进校本教研的研究与实践，把网络集体备课与自主课堂模式作为研究有效课堂的突破口，采取"梯度协商"的培训模式，大力倡导"教师即研究者"的理念，鼓励教师发现问题、分析问题、解决问题，在工作实践中求真务实、不断反思。在各级领导的关心和支持下，在全体教师的努力下，我们的工作也终于画上了一个圆满的句号。

一、课题背景与研究价值

1. 传承与创新——有效教学提出的背景

21世纪是知识经济时代，是全球进一步开放、合作与竞争的时代，在时代和社会深刻变革的大背景中，我国教育发展进入了新的历史阶段。《国家中长期教育改革和发展规划纲要（2010－2020）》明确提出把"提高质量"作为我国未来十年教育改革发展的核心任务。"十一五"期间，我们运用"新时代生活教育"理念，构建了"探究—体验性"课堂教学模式，改变了原来以教师为主导的训导式教学模式，课堂上学生已初步养成自主学习、探究性学习的习惯，但同时有一些问题值得我们深入探究。如合作、探究的学习方式，体现在课堂的组织与实施中，出现了合作学习浮于表面，有为探究而提问的教学形式化现象，导致课堂出现失控和低效现象等问题。如何解决这些问题，使教学过程能有效且顺利地完成，是新课题实验要解决的重要问题。

新课程的实施孕育着美好的生机与希望，这理应是教师发展和学生成长的好机会，但随着课改的深入，我们看到了一些反常现象：教师的课堂教学行为存在偏颇，学生的学习习惯差，课堂氛围过于压抑或过于热闹，

课堂教学整体效益低等。为此，我们需要冷静地对待新课改，我们的学生需要在情感态度、文化知识、行为习惯、综合能力等方面得到和谐发展，我们的教师需要在新课改的大背景下，真正实现教学品质、教学技能及教育理论素养的全面提升。因此，在华中师范大学郭元祥教授的亲自指导下，我校以"新课程背景下课堂教学的有效性研究"为"十二五"研究课题，旨在探索并实践新课程理念下怎样实施有意义教学，并形成新课程背景下的课堂教学的基本原则、策略和模式，以推进新课程改革的实施进程。

2. 人本与提升——有效教学的价值取向

本实验是在课堂观察和个人教学实践反思的基础上，通过对课堂教学现状的分析，依据新课程背景下"知识与技能、过程与方法、情感态度与价值观"三维课程目标，制定出有效的课堂教学标准，并从不同的角度提出了构建有效课堂教学的策略，以期实现将课堂教学由"知识本位"向"学生发展本位"转变，或由"知识课堂"向"生命课堂"转变的目标。有效教学是以人的终身发展为核心，以"关注生命、关注生活、高效减负"为价值取向，真正实现"以人为本""可持续发展"和"为学生终身发展奠基"的教育理念，是现代学校教育的终极追求。

3. 高效与减负——有效教学的目标定位

课堂是学校教育改革的主阵地。然而，目前的课堂教学现状存在耗时多、收效低等现象。有效教学就是要求教师遵循教学活动规律，以尽量少的时间与物力投入，取得尽可能好的教学效果，并培养学生的综合素质与能力，最终获得教学的综合效益，让学生终身受益。有效教学的主阵地是课堂，高效的课堂既能促进教师的专业发展，提高教学效益，又能减轻学生的学业负担，提高学习效益。高效课堂是课堂上的全员高效、全面高效、全程高效、素质高效，它是有效教学的更高层次追求，更是课程改革的终级目标。

二、课题研究的理论依据

当前，中小学教学普遍存在着一个非常突出的问题：教师教得辛苦，学生学得痛苦，但结果不尽如人意。为此，我们依据布鲁纳的发现法与建构主义理论、奥苏泊尔的有意义接受学习理论及巴班斯基的教育教学过程最优化理论、加德纳的多元智能理论为基础，按由浅入深、循序渐进等符合学生认知规律的原则,将知识学习、能力培养、智能开发、人格健全熔为一炉,实现师生之间的认知互动、信息互动、角色互动,实现新课程倡导的教学资源呈现方式、教师教的方式和学生学的方式的转变。

建构主义理论、教育教学过程最优化理论、多元智能理论、有效教学理论和最近发展区等经典理论,是开展课堂教学有效性实践研究的主要理论基础。其教育理论的主要观点如下。

1. 建构主义理念

以现代建构主义的视角看,学生的学习过程是其主动建构内部心理表征的过程,建构主义学者古宁汉认为,学习是建构内在的心理表征的过程,学习者并不是把知识从外界搬到记忆中,而是以已有的经验为基础,通过与外界的相互作用来建构新的理解。当今的建构主义者更多地强调在具体情景中形成的非正式的经验的作用,提倡让学生具有主动选择、发现、思考、探究、应答、质疑的需要与可能。新课程实施中的教学策略、教学方法研究,就是将这一先进的理论应用于教学改革的实践中去,充分发挥其指导意义。

2. 教育教学过程最优化理论

巴班斯基的教育教学过程最优化理论主要包括以下 6 个方面的内容:教学过程最优化的概念、教学过程最优化的理论基础、教学过程最优化的原则、实施教学过程最优化的程序、预防和克服学生成绩不良而采取的最优化教学措施、对优秀学生实施教学过程的最优化途径。该理论认为要达到教学过程最优化的目的,就必须分析学生状况和教学任务,明确教学内容,选择教学方式、方法,拟定教学进度,对教学结果加以测定和分析,等等。达到教学过程最优化的关键:一是分析教材中主要的和本质性的东西,确保学生能掌握这些内容;二是选择能有效地掌握所学内容、完成学习任务的教学方式、方法,进行有区别的教学。

3. 多元智能理论

1983 年,美国哈佛大学心理学教授加德纳提出了关于智力的新理论——多元智能理论。他认为,人的多元智能包括这样九种:音乐智能、身体—运动智能、逻辑—数学智能、语言智能、空间智能、人际智能、个人内省智能、自然探索智能、存在智能。除此之外,加德纳认为可能还存在其他的智能，如灵感、直觉、幽默感等，这就要求我们教师有一双慧眼去发现和挖掘学生的最佳潜能，使其身心能充分、和谐地发展。

4. 有效教学理论

该理论源于20世纪上半叶的西方教学科学化运动，有效教学理论的核心是教学的效益。它关注学生的进步或发展，关注教学效益，要求教师有时间与效益的观念；要求教师在教学中具备一种反思的意识，不断反思自己的日常教学行为；要求教师掌握有关的策略性知识，以便自己在面对具体的情境时能做出正确决策。课堂活动有效性教学策略、教学方法研究，就是在这一先进教学理论的指导下，研究具体的策略和方法，以提高课堂教学的效益。

5. 最近发展区理论

该理论由苏联心理学家维果茨基提出。维果茨基被尊为当代建构主义的鼻祖之一。什么是"最近发展区"？维果茨基认为，当学生能够独立解决一些问题时，这种问题就处于该生的"现有发展水平（OA区）"；当其不能独立解决某问题，却能在教学的情境中，在教师的启发、同伴的帮助下解决该问题时，则该问题就处于其"最近发展区"（AB区）当教学内容处于学生的最近发展区和现有发展水平以外（即B点以外）时，教学就不可能进行；当教学内容处于学生的现有发展水平之内（即OA以内）时，教学是没有效益的；当且仅当内容处于其最近发展区（即AB以内）时，教学才是可行的而且是有效的。教学的基本目的，就是不断地把学生的最近发展区转换为现有发展水平，或者说，就是不断地创造新的更高水准的最近发展区（如图1所示）。

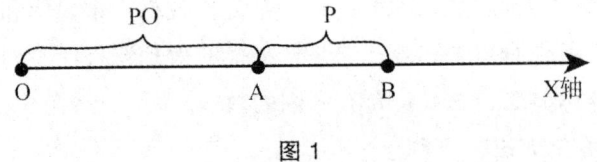

图1

图2、图3分别表现了二维、三维空间的情形，在这里，现有发展水平（区）、最近发展区都被多维化了，之所以要这样做，是因为新课程的目标是多元的。在实施过程中，教师应当习惯于从两个甚至三个维度思考问题，应当认识到只有当教学内容（P）处于矩形$OBCB_1$（或长方体

$OBCB_1-B_2C_2C_1C_3$)之内时,教学才可能进行;而当教学内容(PO)处于矩形 OAC_1A_1(或长方体 $OADA_1-A_2D_2D_1D_3$)之内时,教学是完全没有价值(效益)的(如图2、图3所示)。

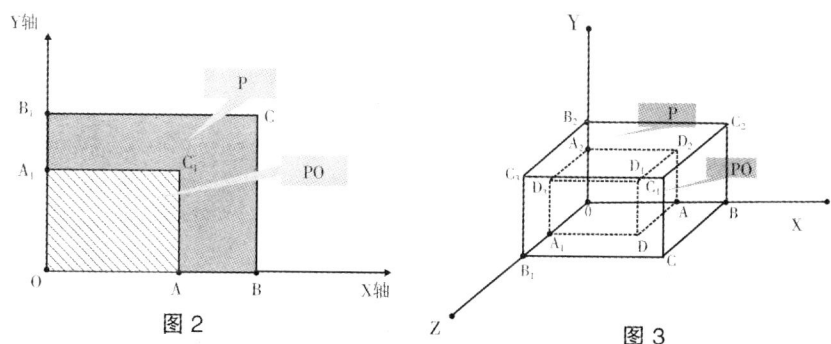

图2　　　　　　　　　图3

由于新课程强调尊重学生之间的差异,以上的多维分析就更有意义了——某问题在知识与技能的维度上对于学生甲来说处于最近发展区,对于乙则可能是处于现有发展水平之内;但同时或许在过程与方法的维度上,这问题对于学生乙来说处于最近发展区,对于甲却处于现有发展水平之内……更概括地表述,就是不同的学生可能在不同维度的目标上需要同伴或教师的帮助,不同的学生可能在同一节课里得到不同方向的发展。这就要求教师在教学中考虑到因材施教原则。

三、课题研究的主要内容、过程、方法与原则

本课题的研究对象为义务教育阶段一至六年级的语文、数学学科。

本课题从学科门类上还根据需要辐射到了其他综合学科,从实施范围上辐射到了我校的帮扶学校。

(一)课题研究的主要内容

本次研究的主要内容包括研究和把握课堂教学的有效性实质的教学理论及相关概念的界定;研究和分析影响课堂教学有效性的因素。

根据郭元祥教授的研究观点,我们预设影响课堂教学有效性的因素有以下几个方面(如下图)。

本次研究,还包括探索有效教学"自主课堂"教学模式、课堂教学策略以及影响课堂效率的互为关系的诸多因素等内容。

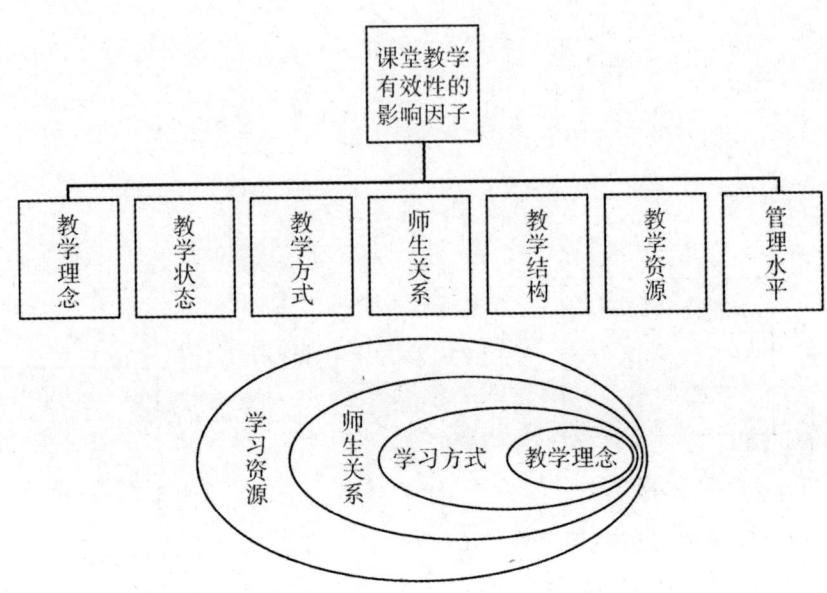

课堂教学有效性的影响因子关系结构图

(二) 课题研究的过程

从 2011 年 1 月开始,我们的实验进程初步拟定如下。

第一阶段:准备阶段(2011 年 9 月—2012 年 1 月)。

(1) 与华中师范大学指导教授郭元祥取得联系,确定课题。

(2) 聘请郭元祥教授进行课题相关理论指导。

第二阶段:实验前期工作(2012 年 2 月—2012 年 6 月)。

(1) 撰写课题研究方案,开题论证。

(2) 建立健全的研究组织管理制度,开展实验教师培训。

(3) 确立各学段子课题,组织实验。

第三阶段:实验阶段(2012 年 9 月—2014 年 6 月)。

①立足备课,实施有效课堂"导学案"模型研究。

②着眼课堂,进行各学段有效课堂的策略及模式研究。

③把握评价,形成有效课堂管理评价体系。

第四阶段:深化实验阶段(2014 年 9 月—2015 年 12 月)。

(1) 深化总结,提炼实验案例。

(2) 集中问题,形成专题,继续深入研究。

第五阶段:全面总结阶段(2016 年 2 月—2016 年 7 月)。

形成研究结题报告，拟出专著和案例集，组织相关人员对实验研究的相关阶段鉴定。

（三）课题研究的方法

对于本次课题实验，我们采用下列方法逐步实施。

（1）叙事研究法。通过教育主体的故事叙说，描述主观教育行为，进行意义建构并使教育活动获得规律性的意义理解，其过程要求注重真实、注重反思。

（2）行动研究法。将教学实际问题通过一线教师的课堂教学研讨等形式展开，进行系统研究，以追求教学实践的改进，并撰写成教学案例、教学反思和随笔。

（3）课堂观察法。通过对真实课例的观察、分析、研究与探讨，总结经验，形成对有效课堂的认识。

（4）文献研究法。通过利用各类文献，对相关统计数据等进行分析，形成实验结论。

（5）对比研究法。在同一年级内选取实验班与平行班进行对比研究，鼓励竞争，促进良性发展。

（四）课题研究的原则

1. 低耗节能原则

学生和教师的时间和精力是有限的，既不能无限地使用，更不能无限地开发。美国教育心理学家卡罗尔在20世纪60年代提出了"学习程度"的一般公式：学习程度＝所花时间/所需时间。越来越多的研究证明，时间是影响学习的变量，而不是常量，所以课堂教学的有效性就要求、降低时间低耗费，降低师生双方学习能量的耗费。

2. 差异效益原则

在教学时，我们高度重视因学生差异所造成的问题。因为每个人在能力、性格、生活方式等方面各不相同，因此，我们不能用一个僵硬的公式去计算教学效率，也不能盲目地进行横向比较，只有教学效率在纵向比较时有提高，才是有效的，这就是"差异效益原则"。而差异效益原则要求教师大力提高教学的针对性，要求教师在对学生的学习成绩进行检测和评估时照顾学生的差异，强化考试的教育功能和促进功能，切忌"一刀切"。

3. 全面素质教育原则

课堂教学的有效性策略不只关注学生的智力培养，更关注学生的心力培育，只有让学生"情知共健"的教学才是有效的教学。同时，还要求对学生实施全面的素质教育，使学生在"知""情""意""行"各方面健康成长，德、智、体、美、劳等方面全面发展。

4. 师生共进原则

在提高学生学习效率的同时，也要关注教师的"成长效率"。在教师的主导作用和学生的主体作用的关系上，我们不能只关注二者的相互作用，还得重视它们各自的作用，既要让学生在教师的主导下更主动地学习，也要让教师在教学中提高自己的主导能力，从而达到师生共同进步的目的。

四、课题研究成果

在实验研究过程中，我们以课堂教学改革为突破口，以转变教师教育教学观念，提高教师教育教学水平，促进研究型、专家型教师队伍的形成与发展为实验保障，分内容、分阶段、有侧重地逐步开展实验，以期达到实验的总目标。具体的研究成果主要体现在以下几个方面。

（一）理解并界定了教学有效性的相关术语及概念

首先，我们确定并理解了课堂教学有效性的一些术语，具体如下。

"教学"，是指教师引起、维持或促进学生行为的所有行为。

"有效教学"，是指教师在一段时间的教学后，使学生获得具体的进步和发展。

"有效的教学活动"，是指教师遵循教学活动的客观规律，从教与学自身的属性揭示教学的内在规律，以尽可能少的时间、精力和物力投入，取得尽可能多的教学效果，从而实现特定的教学目标所开展的活动（减轻学生过重的学业负担和心理负担，提高学习的科学有效性，促进学生的全面发展）。

"有效性"，主要有三个方面的含义：有效果、有效率、有效益。有效果主要指考查活动结果和预期目标的吻合度是否达标；有效率则要求重点考虑活动结果与活动投入的比例关系；而有效益则是有效性的最高境界，是在保证效果和效率的基础上，实现整个系统的和谐、可持续发展。

"教学策略"，是指在教学过程中为完成特定的教学目标，依据教学的主客观条件，特别是学生的实际，对所选用的教学顺序、教学活动程序、教学组织形式、教学方法和教学媒体等的总体考量。

"新课程理念下的教学有效性",是指以人的发展为出发点,在高质量完成文化知识传承和基本技能训练任务的同时,实现学生道德品质、审美情趣、创新精神、实践能力等综合素质的全面提高,培养学生的学习兴趣、学习意识和自我教育能力,为学生的可持续发展打下坚实的基础。概括地说,就是在单位时间内完成的教学任务多、学生的学习兴趣浓,整个课堂体现了有效、高质、创新的特点。

其次,我们对一些相关概念进行了界定。按照课堂教学中投入与产出的关系,我们将课堂划分为四类。

第一类:高效益的课堂。课堂教学低投入,教学效果比预期的好,即低投入,高产出。

第二类:有效益的课堂。课堂教学高投入,教学效果符合预期,即高投入,高产出。

第三类:低效益的课堂。课堂教学低投入,教学效果比预期的差,即低投入,低产出。

第四类:无效益的课堂。课堂教学高投入,教学效果比预期的差,即高投入,低产出。

我们把高效益和有效益的课堂称为有效课堂。

(二)发现了影响课堂教学效益的诸多因素

根据研究与实践,我们发现影响课堂教学效益的因素有学校文化、教学理论、学生状态、教学方式、师生关系、教学结构、教学资源、管理水平等,涉及的因素较多,错综复杂。

(三)探索并形成了有效教学中的"自主课堂"教学模式

课堂是研究有效教学的主阵地。根据影响课堂教学效益的诸多因素,我们把课堂教学理念与文化的重建作为研究高效课堂的突破口,以形成"关注生命、关注生活、高效减负"为价值取向的"快乐、高效"的课堂文化为立足点,探索有效教学中的"自主课堂"教学模式。我们将"自主课堂"所追求的最高境界定位为十二个字——"自主学习、赏心悦目、精彩纷呈"。该模式以"自主学习、主动探究、教师引导、合作互动、和谐发展"为内涵特征。目前,学校各学科已探索出"自主课堂"教学模式下

的拓展式模式。如语文学科，低年级有"自主—识字"课堂教学模式，中年级有"自主—探究"阅读教学模式，高年级有"自主—开放"阅读教学模式等；数学学科，有计算课型"自主课堂"教学模式，有空间与几何"自主课堂"教学模式，有解决问题"自主课堂"教学模式。

"自主课堂"教学模式的构建以"自主学习"为核心理念，大致分为"前置性学习—互动展示—合作探究—点拨总结—作业反馈—拓展延伸"这六个环节。这六个环节，首先从前置性学习开始，通过教师指导下的学生自主学习，实现学习前置、问题前置，构建初步的知识结构。在这一环节中，教师给学生足够的时间和空间，让他们进行合作、交流、展示，让他们在小组内自由自在地发现自身发展的更多可能性，正如罗素所说："参差多态乃是幸福的本源。"教师要通过激励策略，激发起不同层次学生学习的内驱力，让学生感受到在课堂上进行创造的快乐与幸福。教师还应根据学生学习的现状，组织学生对知识的重难点部分进行合作探究式学习；再运用适当的方法对他们进行指导点拨，引导学生进行自主总结与归纳，让学生对所学知识形成系统的认识；之后，通过当堂练习，获得学习效果的反馈；最后，运用必要的策略把学生的自主学习延伸到课外。这一教学模式强调教师适时适宜地"让位"，强调学生以"自主学习"为主，强调师生、生生构建"学习共同体"，强调课堂与生活的"紧密对接"，强调学生"秀"出自我，"秀"出风采，倡导课堂是师生生命相遇、心灵相约的场域，是质疑问难的场所，是通过对话探寻真理的地方。

语文学科"自主课堂"拓展式教学模式如下。

低年级的"自主—识字"课堂教学模式：

前置性学习—激趣导入—探究识字—梳理总结—快乐书写—拓展延伸。

中年级的"自主—探究"阅读教学模式：

前置性学习—情境创设—交流展示—质疑探究—点拨小结—拓展延伸。

高年级的"自主—开放"阅读教学模式：

前置性学习—情境创设—交流展示—合作探究—自主归纳—拓展延伸。

数学学科"自主课堂"拓展式教学模式：

计算课型：创设情境—自主探究—观察比较—巩固强化—回顾小结

空间与几何：情境导入—提出目标—自主探究—交流分享—深入理

解—回归目标

解决问题：情境导入—提出问题—尝试探究—巩固运用—拓展延伸—评价小结。

（四）研究了有效课堂的"五种关系"

根据新课程提出的知识与能力、过程与方法、情感态度与价值观的三维目标，我们研究了影响课堂效率的各种互为关系的诸多因素。

一是教学主体与主导的关系。课堂是体现教师生命价值、展示教学风采、提升学生生命质量的舞台，我们把课堂看作一泓流动的生命清泉。教育家叶圣陶主张教师"自始即不必多讲"，而"致力于导"，教师的主导作用，体现在对学生的引导与启迪上，教师充当的是组织者与指导者的角色，通过激励与引导，使学生自奋其力、自致其知。因此，我们认为教师与学生的关系如导游与游客之间的关系。我们要求教师在课堂上如同一名优秀的导游，引导学生在知识的海洋里遨游。具体来说，一方面，对于学生通过自主学习能够获得的知识，教师可以不讲或少讲；另一方面，依据最近发展区理论，找准学生学习的兴奋点，对重点内容，通过引导学生合作探究，或精讲点拨，让学生掌握学习方法，使学生的学习能力、思维能力、解决问题的能力得到长足发展。另外，我们认为学生在课堂上学到的知识只是学生终身发展所需知识的"沧海一粟"，所以，我们还要通过各种形式的课后拓展，引导学生到课外、到生活中去自主学习，到知识的大海中尽情畅游！

二是预设与生成的关系。在研究预设与生成问题时，我们提倡"三有"：一是教师心中有学生，即教师能充分了解学生差异，尊重学生的体验，考虑学生的心理需求，让学生积极主动地发展；二是教师心中有教材，即教师能够为了服务学生，既可用教材"教"，又能灵活地开发或拓展教材；三是教师心中有创新观，即教师能依据课堂发展趋势顺势而导，发现并点燃学生思维的火花，让学生创新的种子萌芽。唯有如此，课堂的生成才能浑然天成，课堂才能成为滋养学生不断成长的土壤。为此，我们探索在充分预设前提下的自然生成，为学生提供一个宽松自由的发展空间，达到解放学生身心、促进学生身心和谐发展的目的。

三是知识与能力的关系。"授之以鱼，不如授之以渔。"小学生正处于能力发展和习惯养成的关键时期与最佳时期。在课堂教学中，我们密切关注学生生活与学生的养成教育,让学生在习得知识的同时,提高综合能力,掌握技能技巧。为使学生的知识与能力在学习与实践中同时得到提高,我们的做法是,首先,引导学生深度参与课堂,以深度教学的三个系统(即符号系统、逻辑系统、意义系统)为基准,要求教师"三不教":学生已懂的"不教",学生能学懂的"不教",教师教了也不懂的"不教",做到不"愤"不"启",不"悱"不"发"。教师要试着尽量"让位",让学生在自主获得知识的同时形成能力。其次,教给学生有效的听课方法,如重点知识批注法、摘抄教师板书法、课堂笔记记录法等,让教师在实验过程中,不断丰富让学生有效学习的教学方法,坚持不懈地多渠道引导学生,让学生在掌握知识的同时,享受课堂、享受学习,获得成功的体验。

四是课内与课外的关系。陶行知认为"生活即教育""社会即课堂"。叶澜教授曾指出,课堂教学要做到三个沟通,即书本知识与人类生活世界的沟通;书本知识与学生经验世界、成长需要的沟通;书本知识与发现、发展知识的人和历史的沟通。这"三个沟通"的理念,指导着我校的课堂教学活动,时刻提醒我们要以学生的生活经验、社会经验、知识经验为基础开展教学。因此,我们会引导学生到神奇的大自然中去探秘,到复杂多变的社会中去观察生活、认识生活、体验生活,从而让课外实践成为学生课内学习的催化剂,成为学生深化与拓宽知识的活水源泉。

五是关注当下与着眼未来的关系。教育是人类社会中唯一把昨天、今天、明天串在一起的时空隧道。课程改革的本质是通过合理的教学手段和方法,让学生既能更好地适应今天,也能更好地面向明天。教育的本质在于"立人",而人在本质上不仅仅要存在,还要超越,超越是生命价值的体现。为此,学校教育要着眼于提出"为明天准备民族素质",通过现实的教育,唤醒每一个生命个体的生命意识,激发每一个教育主体的成长动力,让他们形成积极的生存方式,为适应未来社会打下基础。

(五)实现了对有效课堂教学策略的优化

有效课堂是以提高教学质量和课堂效益为目的,以转变教师的教学方式和学生的学习方式为手段,以关注学生的终身发展为宗旨。因此,研究课堂教学策略的优化,让教师通过有效的方式充分调动学生的"知、情、意、行",让他们真正参与到课堂的学习中来,才是提高课堂效率的关键所在。具体该如何做呢？

一是优化备课策略。构建有效课堂的一个核心理念，是一切从学生的学情出发，以"学"定"教"，实施设计"导学案"策略。因此，我们把实施网络集体备课策略作为研究有效教学的突破口，其具体操作方法：

实名注册：实行实名电子注册及建立年级备课协作组的方法，以便定期实施检查与评价。

任务分配：由教研组长在学期初统一分配"主备人"的备课任务，用"电子公告"方式进行公示，教师则利用每学期开学前三天的时间进行个体预备课。在个体预备课期间，教师要让网络等各种优质资源服务于备课。

集中研讨："主备人"先将个人备课预案提前两周上传到资源库内，由备课组长在网上组织本年级教师利用网络平台展开讨论，教师可随意下载所需教案、课件，或提供更多更好的资源。之后，教师们再利用每单周三的两节课集中研讨，形成导学案，每双周三的两节课为教研组内研究课展示时间，一般由本单元的"主备人"执教。

修改分享：教师可利用"跟帖"的方式把自己进行了个性化修改的导学案上传到备课资源库，供同事分享，以实现导学案共性和个性的完美结合。

循环使用：将最优化的导学案集结成电子备课册子，上传到学校公共资源库。教研组也可以将其他相关资源，如课件等，长期存留，以备大家循环参考使用。

二是优化师生关系。在"没有沟通就不可能有教学"的现代教学理念指导下，我们积极构建和谐、民主、平等的师生关系。我们将"文化服务""微笑服务"根植于教师的教学意识中，积极倡导师生之间以微笑相对，互相关心爱护，让师生在课堂上体验到被人关注、被人爱护的温暖与幸福，为打造"快乐、高效"的课堂文化，奠定了融洽的人际关系基础。

三是优化指导策略。一方面，我们考虑学生的学习差异，将学生进行分组。依据"好、中、差"三个等次，组成"一帮一"帮扶小组，在组与组之间形成竞争的态势，并以星级评价的方式对每个组进行全方位的监控与评价，以激发学生高效学习的内驱力。另一方面，加强前置性学习方法指导。学校要求教师对每个学段的学生进行课前学习方法的指导，以每个学段的子课题为依据，研究"三步学习"法，如在实验初期，我们在高年

级语文教学中尝试进行了"三读""二写""一查"的前置性学习方法的指导。"三读"即读准字音，读通句子，读出主要内容；"二写"即写读文后的重点批注，写读文后的疑难问题；"一查"即查阅与文本有关的资料。低年级前置性学习体现出"做中学"的特点，中年级前置性学习体现出自主质疑、培养思维能力的特点；高年级前置性学习体现出开放性特点。这些指导策略的优化，旨在培养学生到大千世界、到广阔的生活中去收集与处理信息的能力。前置性学习有效地促进了学生自主学习能力的形成，提高了课堂教学效率，为教师的精讲点拨提供了可靠依据。

四是优化资源策略。传统课堂上的"一支粉笔、一本书、一块黑板"的教学资源及单一的教学方式，已远远不能满足现代社会对教育发展的要求。新课程背景下的课堂教学，是一种以教师为主导、以学生为主体的"双主"教学，倡导自主、合作、探究式的学习方式，关注人的终身发展。从我校探索出的"自主课堂"教学模式来看，学生的"自主"，应表现为学生有主动学习的愿望，有主动探究未知的兴趣，有持续学习的内驱力。在丰富的教学资源中，我们重点研究了信息化教学资源的优化作用。在研究与实践中我们发现，信息化教学资源的共享性、开放性、交互性、丰富性及其所具有的形象性、直观性等特点，有助于提高学生分析问题、解决问题的能力的，有助于提高学生的认知能力、思维能力，有助于激发学生的学习兴趣，促进师生的共同发展。很显然，利用信息化教学资源，能够提高课堂教学的有效性。

五是优化作业评价。我们要求作业应体现"三性"，即课堂作业体现目标性、层次性、针对性，家庭作业体现主体性、自主性、开放性。作业批改体现"三要求"，即要求教师当天作业当天批阅，学困生面批面改。要求学生建立错题集，及时发现、及时反馈、及时修正。要求作文批阅遵循生生评价、师生评价和自我评价相结合的原则。

六是优化学困生指导策略。我们把学困生看作独特的生命之花，相信他们迟迟未开只是和别的花花期不同而已。我们在学困生教育上实施避免当众批评、巧用体态及语言进行鼓励、让其参与班级管理等教育策略。

七是优化课堂评价。我校通过开展"什么样的课是一堂好课"的研讨沙龙活动，拉开了构建"快乐、高效"课堂研究的序幕。在研讨中，根据

"高效课堂"理念,学校提出了"五求"课堂,即一求学生自主学习的课堂,二求人人参与的课堂,三求讲练结合的课堂,四求学生主动发展的课堂,五求师生快乐愉悦的课堂。在此基础上制定了绣林小学"自主课堂"课堂教学评价标准,具体如下表。

绣林小学"自主课堂"教学评价标准(语文学科)

授课教师:＿＿＿＿＿＿ 班级:＿＿＿＿＿＿ 课题:＿＿＿＿＿

一级指标	二级指标	评价标准	分值	得分
教学理念		① 体现新课程标准的教学理念,面向全体学生,尊重个体差异。 ② 体现"新课程背景下课堂教学有效性"课题实验理念,并能凸显三个子课题中的培养目标。 ③ 注重过程评价,渗透德育,促进学生发展。	5	
学生学习行为	学习态度	① 学生全员参与,全程参与,快乐参与。 ② 学生能充分自主地学习。	10	
	学习方法	① 依据各学段子课题要求,学生能科学地进行前置性学习,在教师指导下进行自主学习。 ② 能有效运用自主、合作、探究的学习方式。 ③ 能将学习活动与生活经验相结合,有广泛收集信息的意识,有一定收集、处理信息的能力。	15	
	学习效果	① 达到既定的课时学习目标,学生在教材内容的理解、表达方法的学习或学习策略的运用等方面有新收获,能顺利完成当堂作业。 ② 学生语文综合素养得到提高,积累了语言,提高了听、说、读、写的能力,掌握了某种学习方法,获得了审美享受,受到了思想启迪等。 ③ 学生带着问题参与课堂学习活动,带着继续学习探究的愿望走出课堂;凸显各年段子课题特点,体现"以学定教",学生学习有成就感,整个学习过程焕发出生命活力。	20	

附录

接天莲叶无穷碧,映日荷花别样红

(续表)

一级指标	二级指标	评价标准	分值	得分
教师教学行为	教学态度	① 面向全体学生，平等地对待每一位学生，关注学生的个体差异，关注学生的学习需求，促进学生全面持续地发展。 ② 认真钻研教材后设计教学，从三个维度恰当确立教学目标，设计教学过程；教学实施体现"工具性与人文性的统一"的语文学科特点。 ③ 教学态度亲切，教学活动中的师生关系和谐融洽，教学有激情，热爱学生，善于激发学生的学习兴趣。	15	
	教学过程	① 遵循学生的认知规律和语文学习的规律，围绕目标，突出重点，体现年段特点。 ② 具有对学生进行听、说、读、写、示范的素质，善于营造良好的教学氛围，能采用启发式教学方法，注重教会学生学习方法，对学生的反馈、评价、引导、点拨简明恰当。合理调控教学进度，既能尊重学生的独特体验，又能对学生进行正确引导。 ③ 教学过程清晰，张弛有度，对多媒体等教学手段的运用讲求实效，能科学合理地布置一定的当堂作业。	20	
	教学特色	① 在科学解读教材的基础上，创造性地运用或开发教材，适当拓展教材，设计教学，实施教学活动；根据各学段子课题的特点研究课前学习方法，科学、合理地指导学生自学。 ② 学生对教学有积极的评价，教师有成就感。 ③ 形成具有明显个性特征的教学风格或教学模式。	15	
总分			100	

绣林小学"自主课堂"教学评价标准(数学学科)

授课教师:＿＿＿＿＿＿ 班级:＿＿＿＿＿＿ 课题:＿＿＿＿＿＿

一级指标	二级指标	评 价 标 准	分值	得分
教学理念		① 体现新课程标准的教学理念,面向全体学生,尊重个体差异。 ② 体现"新课程背景下课堂教学有效性"课题实验理念,并能凸显三个子课题中的培养目标。 ③ 注重过程评价,渗透德育,促进学生发展。	5	
教师行为	教学素养	① 熟悉教材,能创造性地使用或开发教材,适当拓展教材,设计教学,实施教学活动。 ② 提出的三维教学目标明确、具体,符合教材内容的要求和学生实际。 ③ 教学重点明确,能有效突破难点,教学结构和过程设计层次清楚、主次分明、具有逻辑性,体现循序渐进的教学原则,符合数学教学规律。 ④ 专业基本功扎实,注重联系学生生活实际创设真实的教学情境。	15	
	教学艺术	① 教学思路清晰,收放自如,提出的问题难易得当;能面向全体学生,能因材施教。 ② 教学语言生动,善于采用多种资源和视听手段,为学生创造良好的语言学习运用环境;教态亲切自然,有感染力。 ③ 依据各学段子课题特点,引导学生科学合理地进行自主探究,体现"以学定教"的特点。	10	
	创新意识	① 有自己的教学特色,教学设计新颖。 ② 教学改革意识明显,能在教学过程中生成新的教学资源。	5	

（续表）

一级指标	二级指标	评价标准	分值	得分
学生行为	学习空间	① 有思考的时间和空间。 ② 有学习活动的恰当载体和平台。	5	
	课堂氛围	① 积极参与数学实践活动，参与面广并富有成效。 ② 积极参与师生之间、学生之间的情感交流。 ③ 交际时有合作意识，愿意倾听、主动获取他人传递的信息。	15	
	思维状态	① 思维活跃，能主动表达看法、观点。 ② 能较好地感知、理解学习内容。 ③ 注意力集中，思维紧随整个教学过程。	15	
	创新精神	① 敢于提出质疑，勇于探索。 ② 对问题有独特见解或解决方案。 ③ 善于将知识迁移，有较强的知识再生能力。	5	
实际效果	目标达成	① 完成课时计划，达到预期教学目标。 ② 不同层次的学生都学有所得。	15	
	学生面貌	① 学习兴趣浓厚，积极投入。 ② 学习策略得当。	10	
总分			100	

有效教学课题实验，引导我校重塑"快乐、高效"的课堂文化，体现了我校新的教育观、新的人才理念指导下课堂发生的深度变革，体现了既关注学生当下的生命状态，又着眼于学生未来发展的生命教育观。教师们在教学中真正确立了学生学习的主体地位，使教学观念从原来的"教"转变到学生的"学"上来，有效地解决了制约课堂效率的一些问题，落实了"高效、减负"的目标要求。在学习中，学生生命得到成长，课堂彰显出生命的活力：学生在"自主"中学习，在"主动"中发展，在"合作"中

增知，在"探究"中创新。这一过程中，学生既巩固了基础知识，又提高了技能；既培养了思维能力，又形成了良好的学习方法。高效的课堂减轻了学生的课业负担，为学生开展丰富多彩的文体活动及参与社会实践活动赢得了时间和空间，学校素质教育也结出丰硕的果实。近年来，绣林小学数百名学生的绘画作品、动画制作等获得国家、省级奖励。等数十名学生在湖北省、荆州市英语口语竞赛中获一、二等奖。由绣林小学师生组成的器乐组演奏的节目，连续几年获市级一等奖，舞蹈节目多次获国家、省、市级奖励，足球队，在荆州市首届小学生足球联赛中名列前茅。

有效教学实现了绣林小学学生的学习能力、自我管理能力和自我表现力等综合能力的提升，为学生的终身发展涂上了亮丽的底色。

五、遗憾和思考

提高课堂效率，这是随着新课程改革不断深入，我们教育者所发出的呼吁。这项工作只有做得更好，没有最好。虽然我们在探索过程中取得了一些成绩，但也出现了一些困惑和遗憾，还有一些问题有待进一步思考。

第一，教师对教学科研的认识不足，反思深度不够，科研态度较随意，有形式主义倾向，导致取得的高水平的教研成果还不是特别多。

第二，"自主课堂"教学模式在探索过程中灵活性不够，存在模式化倾向。如何充分开发课程资源，构建生活化、开放化的生命课堂、人本课堂，实现体验式教学、合作式教学、愉快教学等，如何推动课题实验向纵深发展，还有待我们进一步去探索。

第三，影响课堂教学的因素很多，教师对"效益课堂"的认识还不充分，如何对课堂教学的投入和产出进行科学合理的划分，还有待进一步研究。

探索是生命的真谛！今后，我们将进一步深入推进对"新课程背景下课堂教学有效性研究"课题下"自主课堂"教学模式及策略的研究，实现真正意义上的自主、合作、探究的学习方式，让课堂成为学生闪耀生命光辉、绽放个性、快乐学习、自主成长的乐园！

参考文献

(1) 张璐. 略论有效教学的标准 [J]. 教育理论与实践，2000，20(11)：37—40.

(2) 王鉴. 课堂重构：从"知识课堂"到"生命课堂" [J]. 教育理论与实践，2003，23（1）：30—33.

(3) 叶澜等. 教师角色与教师发展新探 [M]. 北京：教育科学出版社，2001.

(4) 王铁军. 名校长名教师成功与发展 [M]. 南京：江苏人民出版社，2005.

(5) 季诚钧，陈于清. 我国教师专业发展研究综述 [J]. 课程·教材·教法，2004，24（12）.

(6) 姚利民. 有效教学研究 [D]. 上海华东师范大学，2004.

(7) 任苒. 有效教学研究——理念、实践与展望 [D]. 上海华东师范大学，2009.

尾 声

教育有梦

教育的星空，繁星闪耀！

探索有效教学，如同在灿烂的星空中找寻最亮的星星！正如顾城所言："黑夜给了我黑色的眼睛，我却用它来寻找光明！"莽莽撞撞中，我们又踏上了探索有效教学的旅程。

教育有如"修道"，何为"道"？《易经》上说："形而上者谓之道，形而下者谓之器。"教育的"形而上"，就是指要超越技术层面，从人性的角度去领悟和追求教育的真谛。基于我对教育的理解，我理想中的教育应该包含以下四个内容。

第一，从教育本质来看，教育应关注儿童生命质量的提升。

教育，作为一种培养人的活动，其基本出发点是培养人，是人的个性和社会化的发展过程。作为儿童生命所具有的"儿童性"，充满着变化，有着无限发展的可能。为此，学校需要重塑完美的教育生活、课堂生活，关注儿童生命的意义，让课堂焕发生命的活力。因此，我所追求的理想是，让学校成为快乐涌动的地方，成为倾听孩子心声的地方，成为迸发思维火花的地方，成为师生生命不断修复与完善的地方，成为散发着爱的芬芳的地方……诚如古希腊教育家普鲁塔克所指出的那样，儿童的心灵"不是一个需要填满的罐子，而是一颗需要点燃的火种"！

第二，从教育价值上看，教育应强调儿童主体性的发挥。

教育的终极目标是把人培养成为学习生活的主体、个体生活的主体、社会生活的主体。生活的主体是现实的主体、实践的主体。脱离了儿童的"生活世界"，生活的主体怎么能形成？

"生活即教育"理论、教学过程最优化理论、有效教学理论以及主体性教育理论等，成为我校探索有效教学真谛的指路明灯。在教学改革中，我们提出"做中学、做中教、做中求进步"；我们倡导"三个超越"——

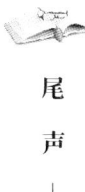

超越教师、超越教材、超越课堂；我们构建有效教学"自主课堂"教学模式——课堂向课前开放、课堂中的时空开放、课堂向课后开放；课堂教学强调教师适时适宜地"让位"，强调学生以"自主学习"为主，强调师生、生生构建"学习共同体"，强调课堂与生活的"紧密对接"，强调学生"秀"出自我、"秀"出风采。我们还引导学生自主设计游戏活动，自主管理班集体，自主进行社会实践，自主参与"阅读乐园"，让丰富多彩的教育生活及社会实践伴随他们的童年。

第三，从教育伦理意义看，教育应倡导儿童对真善美的追求。

两千多年前，古希腊哲学家苏格拉底有"人应当如何生活"的发问，这一问题便成了永恒的"苏格拉底问题"。在我看来，"人应当如何生活"的本质，是人类对真善美的思考与对终极价值的追求。而教育的重要责任之一，便是对人性之"真善美"的最高层次的塑造。在教育活动中，儿童全部的精神生活包括不可分割的三个部分：理智生活，即儿童求真的生活；审美生活，即儿童求美的生活；道德生活，即满足儿童求善的精神活动。

这种精神生活需要陶冶，而不是脱离生活的空洞说教或形式主义的教条。教育的核心是人格心灵的唤醒，教育的目的是从生命深处唤醒人们沉睡的自我意识，将人的创造力、生命感、价值感、道德感唤醒。在我看来，这种"陶冶"需要学校文化的力量，这种力量沉潜在校园环境里，蕴含在师生的言行中，更凸显在学校丰富多彩的活动里……这种"陶冶"如"随风潜入夜"的习习凉风，如"润物细无声"的蒙蒙细雨，如"初日照高林"的春日暖阳……

正如教育家陶行知所说："教师的成功，是创造出值得自己崇拜的人。""他们所要创造的是真善美的活人。"

第四，从人类发展来看，教育应弘扬对儿童充满人文关怀。

"人文关怀"的概念起源于西方的人文主义传统，其核心在于肯定人性和人的价值，尊重人的主体地位和个性差异，关心人丰富多样的个体需求，激发人的主动性、积极性、创造性，促进人自由全面而又和谐地发展。

苏霍姆林斯基对"自由全面和谐发展的人"是这样解读的：我们培养

的人，不是只有知识、会工作的庸庸碌碌的人，而是要培养大写的"人"，就是有高尚的精神生活，有理想、有个性、关心别人、关心集体、关心人类的发展的人。"人道主义"是他的教育思想的精髓。他建议教师：我们每个人都应该思考，我们要把学生培养成什么样的人？

　　作为教师，我们对人类的发展肩负着责无旁贷的使命。教育应引导学生从相信人、关心人、尊重人的角度出发。因此，我理想的教育应把培养创新精神与健全人格、促使精神成长，作为重要的培养目标。我们始终坚信，只有具备人文情怀的人，其灵魂才会闪耀出最美好的光彩，其人性才会绽放出最耀眼的光辉！

　　无论星空多么广袤，追寻最亮星星的梦，永远都在！

　　因为——

　　中国有梦，教育有梦，教育人应该有梦！

蔡隽

2016年1月

尾声——教育有梦

江苏凤凰教育出版社
《行知工程》系列丛书目录

系列	序号	书　名	作　者	定价
创新教学探索系列	1	《自主创新让教学成为有效引领》	蔡　隽　著	30.00
	2	《做童年面前最合适的人——我和孩子们的"童化语文"》	曹丽秋　著	30.00
	3	《品世界名画，学精彩作文——特级教师的"名画"作文教学法》	李日芳　著	36.00
	4	《玩出精彩作文——张化万活动作文教学经典策略》	张化万　著	35.00
	5	《〈红楼梦〉里的语文课》	李日芳　著	30.00
	6	《让学生把母语用精彩——"语用课堂"的探索与实践》	佘小红　著	30.00
	7	《"备"出课堂精彩——备学式教学的课堂实践与思考》	张旭兰　著	30.00
	8	《神奇的阅读教室——带学生踏上美妙的阅读之旅》	李祖文　著	30.00
	9	《打造有生命力的课堂——"两步八环节"教学模式探索与实践》	查联智　主编	30.00
	10	《最能培养学生探究能力的课堂——小学科学与信息技术单元整体课程实施与评价》	李怀源　主编	30.00
	11	《最能激发学生运动天赋的课堂——小学体育单元整体课程实施与评价》	李怀源	30.00
	12	《最能提升学生艺术素养的课堂——小学艺术单元整体课程实施与评价》	李怀源	30.00
	13	《"生命语文"探索——焕发语文生命力的思考与实践》	王自成	30.00
	14	《粘连作文教学：让习作成为有个性的自我建构》	黄瑞夷	30.00
	15	《备学式教学——在体验中建构数学思维》	单广红　范雪梅	30.00
	16	《向着自主进发——自主教育的创新实施智慧》	朱亚红	30.00
	17	《写中学——让学习更有效的学科写作教学》	钟传祎	30.00
	18	《小学科学实验总动员——大科学课堂有效提升学生创新力》	江美华	30.00
	19	《小学语文单元整体课程实施与评价》	李怀源	30.00
	20	《小学英语单元整体课程实施与评价》	李怀源	30.00
	21	《小学数学单元整体课程实施与评价》	李怀源	30.00
	22	《让教学更能激发智慧——"思维碰撞"课堂的建构与实施》	程和方	30.00

系列	序号	书　　名	作　者	定价
教育思想者系列	23	《名校之道——陶继新对话名校长（2）》	陶继新 著	35.00
	24	《铸造一流教育品质——陶继新区域教育巡礼》	陶继新 著	35.00
	25	《高效教学的道与术——陶继新教育讲演录》	陶继新 著	30.00
	26	《名校之道——陶继新对话名校长（1）》	陶继新 著	30.00
	27	《教育，一切从孩子出发》	黄俭 著	30.00
校长领导力系列	28	《校长智慧统筹的领导力》	谢耀丰　蔡丽姗 王林发 著	30.00
	29	《学校细节管理的执行力》	林文明 王林发 著	30.00
	30	《学校持续发展的研究力》	林文智　宋佳敏 王林发 著	30.00
	31	《学校和谐融洽的协作力》	陈一平　郭雪莹 王林发 著	30.00
	32	《学校教育提升的引领力》	谢文东　关敏华 王林发 著	30.00
	33	《学校团队成长的学习力》	黄纪　蔡美静 王林发 著	30.00
	34	《学校高效管理的创新力》	张旭 著	30.00
	35	《学校成功管理的决策力》	邱黎明 著	30.00
	36	《高品质学校生长要素》	王益民 著	30.00
	37	《校长高校教学领导力提升策略》	徐世贵 郭文奇 著	30.00
新思维系列	38	《让后进生学习有后劲之36计》	严育洪　黄荣德	30.00
	39	《教育中的"不一定"——打破教育的19种思维惯式》	严育洪	30.00
教师修炼系列	40	《与学生一起成长——90后教师的心路反思》	王晗	30.00
	41	《教育，爱与宽容——教师心灵礼仪修炼》	许力争	30.00
教育家核心思想系列	42	《叶圣陶论写作》	叶圣陶 著 李怀源 选编	30.00
	43	《叶圣陶谈阅读》	叶圣陶 著 李怀源 选编	30.00
	44	《多元智能理论的本土化应用》	刘治富	30.00
	45	《大教育家最具施教力的教学思想》	白刚勋	30.00
教育求索系列	46	《欣说教育那"一亩三分地" ——一位一线教师的教育微思考》	王庆欣	30.00
	47	《爱的守望——一位一线教师对教育的坚守》	林卫红	30.00
	48	《思政教学的人文力量》	戴晓华	30.00
	49	《师道新说——给教育者的30条箴言》	徐卫	30.00

系列	序号	书　　名	作　者	定价
解码学生心理系列	50	《在人生的春天播种——十四岁，写给青春的一封信》	白宏宽	30.00
	51	《孩子问题行为一点通 　　——只有好老师才知道的学生心理谜底》	严育洪	30.00
校本研修系列	52	《徜徉语文教研》	肖俊宇	35.00
	53	《校本研修资源的开发与利用》	陈朝林	30.00
	54	《校本研修与教师专业成长》	吴积军	30.00
	55	《卓越教师经典研修成长策略》	刘天宝等	30.00
	56	《特色校本课程开发范例解读》	刘永平　李秀伟 张雪梅	30.00
	57	《高效校本研修模型构建艺术》	刘素雁	30.00
	58	《走向实践的教研——中小学教育科研引领与应用》	江　敏	30.00
名校系列	59	《让每个孩子都成志 　　——清华附小主题阅读课程的实施探索》	窦桂梅	30.00
	60	《让每个孩子都成志 　　——清华附小主题实践课程的实施探索》	窦桂梅	35.00
	61	《向着朝阳走去——清华附小合作办学实践探索》	窦桂梅	30.00
精彩课堂系列	62	《给孩子更好的数学课堂》	易增加	30.00
	63	《小学生阅读素养的提升策略》	邵巧治	35.00
	64	《从语文素养走向生命成长 　　——小学语文读写课堂教学密码》	曾海玲	30.00
	65	《真实的品德课》	朱淑秀	30.00
	66	《英语课堂学习共同体——新型的师生交互学习场》	杨延从	30.00
	67	《指导自主学习——初中数学学与教的研究与实践》	刘其武	30.00
	68	《玩出精彩的课堂 　　——小学低年级教与学方式转变研究》	陶红松	30.00
	69	《让生命之花自主绽放——语文个性化教学建构策略》	商德远	30.00
	70	《让学生亲历知识——主体参与下体验式学习的实施策略》	何世祥	30.00
教育管理力系列	71	《缔造唯美教育——延奎小学素质教育实施策略》	易增加	30.00
	72	《让普通学校崛起的20个细节 　　——"生命为本"教育团队成长密码》	李其玉	30.00
	73	《"走"出教育的精彩：走动式学校管理文化构建》	罗　军	30.00
	74	《校长兵法：学校管理四十六计》	皮大鹏	30.00
班级文化系列	75	《活力班级的文化建设》	胡　珏	30.00
	76	《做幸福的班主任》	吕　丽	26.00
教学高效能系列	77	《高效能教师的10个好习惯（中学卷）》	张　瑾	30.00
	78	《让作文落地生根——提高写作实效的教学策略》	黄桂林	30.00

系列	序号	书　　　名	作　者	定价
高效能教学系列	79	《高效能作文教学5项修炼》	陈步华	30.00
	80	《高效能校长的10个好习惯》	张　勤	30.00
	81	《高效能教师的10个好习惯（小学卷）》	谢　英	30.00
	82	《高效能语文教学5项修炼》	王其华	30.00
新课程探索系列	83	《语文新课程的批判与重建》	葛桂斌	30.00
美国名师教学译丛	84	《美国名师游戏教学本土化应用：幼儿园》	（美）玛西娅 L. 泰特 著 胡珍　瞿菁　编译	30.00
	85	《美国名师游戏教学本土化应用：小学英语》	（美）玛西娅 L. 泰特 著 杨永华　张心影　编译	30.00
	86	《美国名师游戏教学本土化应用：小学数学》	（美）玛西娅 L. 泰特 著 谢艳红　编译	30.00
	87	《美国名师游戏教学本土化应用：小学科学》	（美）玛西娅 L. 泰特 著 刘丽萍　编译	30.00
	88	《美国名师游戏教学本土化应用：小学社会》	（美）玛西娅 L. 泰特 著 姜梅芳　编译	30.00
	89	《美国名师游戏教学本土化应用：小学音体美》	（美）玛西娅 L. 泰特 著 尹立志　编译	30.00
鲁派名师名校探索者系列·教育	90	《悦读立人——校园阅读文化体系构建策略》	杨世臣	30.00
	91	《教育智慧何处来——一位特级教师的思考手记》	付立金	30.00
	92	《和雅文化——校本课程的创新构建》	汤善香	30.00
	93	《让个性绽放精彩——学校课程体系整合与创生》	谢建伟　徐淑萍	30.00
	94	《让每个学生都幸福——最能润泽生命的学校文化建设》	谢建伟　张新喜	30.00
生态化校园系列	95	《文化管理——构建生态和谐校园的必由之路》	付全新	30.00
	96	《点燃学习的激情——构建校园生态化学习型组织》	杨树岳	30.00
	97	《课改突围——构建学校生态化教学体系》	杨树岳	30.00
教育新思考系列	98	《语文教育向何处去》	王　丛	26.00
	99	《教育，就是做好普通的事》	孙志毅	27.00
	100	《走出语文的偏见——让学生体悟文本的原义》	丛智芳	30.00
	101	《让语文教学更高效——批注式阅读教学探索》	韩中凌	30.00
	102	《读写互促——探寻学以致用的语文教学》	曹　龙	30.00
	103	《跳出数学教数学——用文化融通数学教学》	马建秀	27.00
名师感悟系列	104	《让心灵伴着歌声成长——22位音乐名师的教育智慧》	陈　璞	30.00
	105	《超越自我的教师——32位名师的成长感悟》	李卫东　李秀伟	35.00
	106	《心灵的守护者——19位班主任的教育智慧》	王晓松　曲文弘	30.00

系列	序号	书　名	作　者	定价
名师感悟系列	107	《名师感悟班主任有效工作艺术90例》	符礼科	30.00
	108	《名师感悟有效教学90例》	林高明　徐玉烟	30.00
教学信息化系列	109	《巧用白板教语文——信息技术与语文教学操作指南》	蒋丽清	30.00
	110	《跨越式实现高效课堂——信息技术与课程整合高效教学方案评析》	陈玲　刘禹	30.00
教师必读系列	111	《教师必学的16堂修养课》	武宏伟	30.00
	112	《教师不可不知的教学心理效应》	叶勇军	30.00
	113	《班主任不可不知的管理效应》	奚一琴	30.00
	114	《教师不可不知的教育心理效应》	孙媛	30.00
	115	《校长不可不知的管理效应》	谢申刚　张金豹	30.00
	116	《成为好教师的7项修炼》	王福强　李维华	30.00
	117	《如何让学生会学习》	龙冰	30.00
	118	《如何让学生爱学习》	周震宇　许小燕	30.00
核心教学主张系列	119	《新生代语文名师核心教学主张》	许友兰	30.00
行思讲坛系列	120	《灵动而朴素地教语文——潘文彬的微格教育生活》	潘文彬	30.00
	121	《师爱无疆——润泽学生心灵的教育故事》	侯忠彦	30.00
	122	《怎样反思更有效——促进教师专业发展的反思策略》	诸贝贝	30.00
	123	《成为高度自觉的教育者——写给后课标时代的数学教师》	许卫兵	30.00
	124	《哲思数学课》	刘全祥	30.00
	125	《智慧数学课——黄爱华教学思维的实践策略》	黄爱华	30.00
	126	《童趣数学课》	徐芳	30.00
	127	《把学生教聪明》	严育洪	30.00
	128	《教师最应该规避的教育误区》	杨坤道	30.00
	129	《用语文的方式教语文——潘文彬教学主张与实践智慧》	潘文彬	30.00
	130	《怎样让阅读教学更有效——提升教学能力的十种读诵模式》	汪秀梅	28.00
	131	《让生命在润泽中起舞——当代小学生最需要的主题班会》	吴联星　罗琳　冯卫东	30.00
	132	《让生命欢快拔节——当代中学生最需要的主题班会》	冯卫东　吴联星	30.00
	133	《课堂因生成而精彩——高效教学的生成智慧》	张文质	30.00
	134	《回到每一个人的生命化教育——张文质二甲中学教育行动录》	张文质	30.00

系列	序号	书　　　名	作　者	定价
变革之路丛书　中国教育	135	《百年树人师何为——教师队伍建设困顿与出路》	将丽珠　李玉向	30.00
	136	《入园何时不再难——学前教育困惑与抉择》	曾晓东 范　昕　周　慧	30.00
	137	《三尺书桌何处寻——流动人口子女教育困难与破解》	范先佐	30.00
	138	《苦旅何以得纾解——高考改革困境与突破》	郑若玲	30.00
	139	《择校纠结何时了——择校问题困局与治理》	曾晓东　周文海 曾娅琴	30.00
创新教学思想系列	140	《"大问题"教学的形与神》	黄爱华　张文质	30.00
教育漫笔系列	141	《课堂，诗意地栖居》	吴书华	30.00
教学提升系列	142	《有思想地教阅读——让学生学会品读文字真意》	王学东	30.00
教育艺术提升系列	143	《藏在师生体态语言里的教学智慧》	张　宇　廖生波	30.00
教学全手册系列	144	《小学习作教学全手册》	郭家海	30.00
	145	《中学写作教学全手册》	郭家海	30.00
	146	《情境教学操作全手册》	冯卫东	35.00
	147	《合作教学操作全手册》	李春华	35.00
	148	《探究教学操作全手册》	周新桂	35.00
	149	《自主教学操作全手册》	诸葛彪	35.00
	150	《创新教学操作全手册》	王　玮	35.00
	151	《班主任工作全手册》	刘沛华	35.00
	152	《新教师工作全手册》	周震宇	35.00
	153	《学生心理健康教育全手册》	刘海莉　刘春杰	35.00
	154	《高效教学操作全手册》	马友平	35.00

系列	序号	书　　名	作　者	定价
创新人才培养系列	155	《创新人才培养校园科普精品课程开发与指导——人大附中创新人才培养》	罗　滨	30.00
	156	《创新人才培养特色校本课程开发与创新人才培养——清华附中"国际安全下的科学技术"课程构建与实施》	王殿军　方　研　赵宏雁	30.00
	157	《创新人才培养：学校实验室建设与管理》	刘克文　杨发丽　杨　平	30.00
	158	《创新人才培养：数学探究活动开发与指导》	马云朋　韩继伟	30.00
	159	《创新人才培养：化学研究活动开发与指导》	王　磊	30.00
	160	《创新人才培养：物理探究活动开发与指导》	廖伯琴	30.00
	161	《创新人才培养：地理探究活动开发与指导》	张建珍　陈　澄	30.00
	162	《创新人才培养：生物探究活动开发与指导》	张迎春	30.00
	163	《创新人才培养：理念探索与思维突破》	王晶莹	30.00
新生代通派名师系列	164	《简约数学教学》	许卫兵	30.00
	165	《语文教学的本真——情意课堂展现母语之美》	吴建英	30.00
	166	《语文课堂的理想追求——欢快达成三维目标》	董一红	30.00
	167	《阅读教学的真髓——意象构建读出文学的真美》	祝　禧	30.00
	168	《美术教育的真谛——审美人生教育让生命绚丽成长》	陈铁梅	30.00
	169	《语文教学的理想境界——无痕教学润泽生命》	李　凤	30.00
	170	《儿童作文的本义——嬉乐作文让儿童乐并成长着》	王笑梅	30.00
	171	《名师是怎样炼成的》	王建明　王笑君	35.00
幼师成长系列	172	《幼儿行为背后——教师如何读懂幼儿的心思》	吴亚英	30.00
	173	《最具教育力的22种幼儿教育思想》	杨　达	30.00
	174	《幼儿教师必知的安全应急措施》	杨　达	30.00
	175	《幼儿教师必备的教育技能》	李　玲	30.00
	176	《卓越园长21条幼儿园管理策略》	周　丹　江东秋	30.00